成長経済の終焉

資本主義の限界と「豊かさ」の再定義

Saeki Keishi
佐伯啓思

ダイヤモンド社

成長経済の終焉　目次

第5章 長期停滞へと陥る日本経済

第6章 「ポスト稀少性社会」への戦略は可能か

第7章 稀少性と資本主義の限界

第1章　経済の混迷をもたらしたものは何か

1　「テレ・ポリティックス」に翻弄される「世論」

平成長期不況の実態

今日の日本は、戦後最大の不況にあえぎ、未だに脱出口を見つけることができない。80年代には、日米逆転といわれ、世界の羨望の的だった日本経済は、今日では、全く逆の意味で世界の注視の的となっている。一体、あの日本経済はどうしてこうなったのか。どうすれば日本経済は再生するのか、というわけだ。

平成14年度版の『経済財政白書』は、２００１年を通じて悪化をたどった日本経済は、02年になって景気の底入れをし、02年後半には景気回復へと向かいつつある、という展望を示した。しかし、現実には、その後の景気回復の明確な兆しが見えないまま、03年にはアメリカのイラク攻撃、それに伴う中東情勢の不安定化、さらには新型肺炎ＳＡＲＳの流行などという要因も加わって、ますます経済の混迷は深まりつつある。３年続きのマイナス成長になりかねない状況だ。

もっとも、日本経済は本当に深刻な不況の真っ只中にあるのか、という意見もある。実際、東京では、高層ビルの建設ラッシュといってよい状態だし、1億円以上もする都心のマンションがすぐに売れる。03年の春には12億円もするマンションが売り出され話題を集めたばかりだ。相変わらず、グッチだとかエルメスだとかのブランド高級品を二十歳代の女性が身につけるだけではなく、十代の少女たちがブランド品を買うなどという国はほかにはない。そして、高級ホテルのレストランはたいてい満席である。街へ出れば、道路はどこも交通ラッシュであり、新幹線も朝夕はほぼ満員だ。コンビニの前には、一日中若者がたむろしてくったくなく時間をつぶしている。

深刻な経済不況と聞かされて日本へやってきた外国人は、こうした光景を見て、一体、日本の不況はどこへいってしまったのだと思うようである。少なくとも、東京を歩いている限り、不況を実感することは難しい。

しかし、また、ひとたび地方都市へ足を踏み込めば、多くの店がシャッターを下ろし、レストランや喫茶店なども閑散としており、歓楽街でもタクシーがただひたすら客を待っている。自殺者は過去最高の3万人を超え、中高年のリストラがらみの自殺が急増している。大学は出たもののそれなりの仕事にありつける者は幸運なほうである。

他方では、このような深刻な光景もまぎれもなく広がっている。要するに、一方では、不況は深刻化していると同時に、もう一方では、かつてなくビジネスチャンスは広がっており、富を生み出す機会も増加している。「勝ち組」と「負け組」がはっきりしてきているのである。日本という全国規模でいえば、富はほとんど東京へ集中し、地方との経済格差は大きく開きつつある。また、ある種の職業を持ったそれなりに能力のある者は、ますます富を手にすることができる。

一方では、二十歳代で年収数千万で都心に億ションを買う者が出てきていると同時に、他方では、四十代、五十代でリストラに遭《あ》い、ローンの返済もままならないというサラリーマンが出てくるのである。

若年層の失業が、さほど深刻な社会問題とならないのは、彼らの親の世代にそれなりの資産が蓄積されているからにほかならない。彼らの多くがフリーターなどと自称して深夜まで路上で「自由（フリー）」にしていられるのは、彼らの親の世代の資産のおかげである。

こうした結果、一見したところ、不況なのかどうなのかよくわからない。いや、「不況」の意味内容がこれまでのものとは異なってきているのである。従来、不況といえば、景気変動からくる循環的なものであった。この循環的な不況は、大部分の国民にほぼ等しく降りかかってきた。つまり、ミクロ（個々の業種や事業体）にとっての不況とマクロ的な（経済全体の）不況が一致しており、それゆえ、この循環的不況に対しては、通常、マクロ的な政府の財政出動がなされたり、公定歩合の引き下げがなされた。それが呼び水となって民間設備投資が増加し、やがて消費が増加し、景気は回復に向かった。

しかし、この平成の長期不況は、どうも従来の循環的不況とは様相を異にしているようにも見える。そもそもこれだけの長期にわたる不況は、ただ循環的なものとしては説明ができないし、雇用にしても一方で失業が出るとともに、他方では求人も増加しているところをみれば、ただ一般的に不況というだけではないだろう。一方で活況を呈する産業があり、他方でリストラが進行するとすれば、問題はただ景気循環というだけではないはずだ。こうした疑問が出てくるのは当然であろう。そして、ここから、今日の経済の失調を「循環的な問題」ではなく、「構造的な問題」として理解しようとする考えが出てくる。

今日の経済問題を「構造的な問題」と捉えること自体は当然のことだろう。確かに「循環的な問題」というだけでは捉えきれないのは事実だ。

しかし、問題はその先だ。「構造的な問題」があるというのはよいが、そもそも「構造的な問題」とは何なのか。何をもって「構造的な問題」だと理解するのか、問題はそこから始まる。

迷走した政策と「世論」

あらかじめ述べておけば、私は、今日の日本経済の失調は、いくつかの要因の複合した結果だと考えている。第一に、バブル崩壊後の不況とそれに対する政策の失敗、第二に、グローバル化や情報化、それにアメリカ主導の市場競争戦略への対応の誤り、第三に、日本社会そのものの構造変化への対応の失敗、この三つである。いわば三重苦といってよい。

この三つの失敗は、結局、政府の政策の失敗だということはできる。政策が迷走し、確かな政策対応を取れなかったということだ。だが、後でまた述べるが、ただ、政府の経済政策を批判してすむというほど事態は簡単ではない。なぜなら、政府の政策の背後には常に「世論」があり、今日、政府は「世論」を無視して政策を実行することなど決してできないからである。とすれば、政策の方向を大きな流れとして動かしているものは「世論」ということになるだろう。

だとすると、政策の迷走とは、また、「世論」の迷走ということでもある。「世論」に一貫した確信がなかったということだ。そして、経済についていえば、「世論」形成において決定的な役割を担うのは、エコノミストや経済ジャーナリズムであり、彼らの議論を大衆に向けて解説する大新聞やテレビ番組などである。

とすれば、十数年に及ぶ経済混乱をもたらした大きな要因は、エコノミスト、経済ジャーナリスト、そして、それらを大衆化した大新聞やテレビ・メディアにこそあったということもできる。実際、90年代の、エコノミストや経済ジャーナリズム、それに新聞やテレビ番組を検証してみれば、経済世論の流れがいかに御都合主義的で場当たり的に変化していったかがわかるだろう。この作業は興味深いだろうと思うが、ここではその余裕はない。

むろん、だからといって政策担当者が責任から放免されるというわけではない。しかし、90年代には、政治は著しくジャーナリズムの影響を受けるようになったことは確かであった。政治家は、基本的には、マス・メディアやジャーナリズムの強い批判を引き起こすような議論を提起することはできなくなってしまった。政治家参加のテレビ番組がその風潮を増長し、政治家は、まずはテレビ・メディアの中で、視聴者の意をつかむことを効果的に発言せざるをえなくなった。

いわゆる「テレ・ポリティックス」であるが、テレビ映像に象徴されるマス・メディアは、感覚刺激的で大衆同調的な言説を拡大して世論に仕立て上げる。こうして、90年代の政治は、よくいえば「世論」主導的、別の言い方をすれば「大衆迎合的（マス・ポピュリズム）」となっていった。

この「ポピュリズム型の政治」は、90年代には、経済政策の中にも押し寄せてきた。ここでは、官僚への強い不信感も重要な役割を果たしたことも特記しておく必要があるだろう。旧大蔵省や旧通産省らの経済行政への強い批判が90年代には噴出したのであった。この官僚バッシングそのものが大衆的なポピュリズムの色彩が濃厚であったが、多分に情緒的な官僚批判がなされ、これが、経済政策や経済行政への批判の「世論」を作り出したことは否定できない。

ここで、従来の経済政策も経済行政ももはや無効になったという前提のもとで、一種の政策的空白が生じたのである。この政策的空白の中に「世論」がなだれ込んできた。90年代半ばの、規制緩和、価格破壊などを訴えた強力な「世論」は、もはや官僚中心の経済行政は無効だという風潮の中から出てきたものであった。

だから、90年代の経済政策の失策をただ政府の責任にしてしまうのは必ずしも適切ではない。「政府」と「世論」の両者が共振しながら経済を失調に導いていったというべきであろう。

そして、それはこの世紀が変わった現在もまだ続いていることである。いや、小泉政権のもとで生じていることこそ、まさに、「政府」と「世論」が同調しつつ、経済をますます混迷に陥れているという構図にほかならない。

近年でこそ小泉政権は多少「世論」から見放されつつあるが、いうまでもなく、この政権ほど世論の強い後押しを受けたものはない。当初の80％の内閣支持率は、さすがに二年もたてば相当下落したとはいえ、それでもまだ50％前後を保っている。小泉政権下での経済のいっそうの低迷をみれば、これは驚くべきことであろう。その意味で言えば、良かれ悪しかれ、小泉内閣ほど「世論」の支持を政権基盤にしてきた政府はほかにはなく、そしてその両者を結びつけるものが「構造改革」というスローガンであった。

社会的現象としての経済失調

今日ではすでに「構造改革」はもはや当然のこととみなされてしまい、「構造改革」の是非を論じるのではなく、それをどのようにして実行するかという実行あるのみとされる。「構造改革、もはや待ったなし」というわけだ。

しかしこの風潮はきわめて危険だ。しかも、「構造改革」とは何か、という段になると、未だに決して合意などないのである。「構造改革」という言葉だけが独り歩きして、その実体は曖昧《あいまい》なままであった。そして、この内容不確かな「構造改革」は、いつのまにか、もはや疑いの余地のないものとなってしまった。今日、小泉政権の構造改革に対する批判が高まっているが、実際には、小泉政権を批判するものの半分は、「小泉では構造改革は進まない」という批判だ（残り半分だけが、「構造改革」そのものに批判的である）。

だが、彼らとて、そもそも「構造改革」が何を意味しているのか、となると、決して明快なイメージを持ってはいない。「構造改革」というキーワードのみが独り歩きして、それが「世論」となってしまったのである。

先に少し述べたように、この不況は少なくとも三つの面が相互に関連しあいながら複合したものである。(1)バブル崩壊以降の経済の失調、(2)アメリカのグローバル化や情報化への対応、それに(3)日本社会の大きな転換、という三つの面である。

その内容はまた後で論じるつもりだが、このような見方は、経済をただメカニズムとして理解し、合理的に管理できるという経済学の教科書のような立場からは出てこない。政策の背後には「世論」形成がある。政策の迷走は、ただ政府が無能だとか、「抵抗勢力」によって政策が実施されないというよりも、「世論」の迷走を示している。

だから、それは経済を合理的に理解できるメカニズムとして捉えるのではなく、世論や社会のムーブメントと不可分な「社会 - 経済的」なものとして理解し、また、国際関係や国際政治とも不可分な

「政治 - 経済的」なものとして捉えることを意味する。

経済といえども、生きた政治や世論の動向、国際関係などと無縁であるはずがない。それどころか、今日のように社会が複雑になればなるほど、経済は、社会や政治と深く関わってくるのである。経済は、経済学者が考えるように、合理的に計算する人々の相互作用が作動させるメカニズムなのではなく、人々の集団心理や社会的なムード、社会的な価値に大きく左右される。

これは当然といえば当然のことなのだが、実際には、経済学や経済政策の中では、この当然のことが無視されている。本書の立場は、経済現象を、経済のメカニズムではなく、あくまで「社会的な」次元で理解するところにある。言い換えれば、本書が関心を持つのは、この十数年に及ぶ不況を、経済のメカニズムの失調として分析するのではなく、一つの「社会的現象」として理解するという点にある。このことをまず注意しておきたい。

そうすると、この平成不況も、「経済」を社会や政治、さらには国際関係などの視点から捉えることが必要となってくる。それはただ経済のメカニズムに生じたマル・ファンクションというだけでは理解できない。

ところが、「構造改革」は、こうした事態の複合性を見ようとしない。さらに「景気対策」か「構造改革」か、という簡単な二者択一へと「世論」は移行していった。しかし、現実はそれほど単純ではない。こうした二者択一型の論議の単純化（それこそが「テレ・ポリティックス」の帰結だ）こそがいっそう事態を混迷の中に落とし込んでいるのである。

「構造改革」なる言葉の乱舞

いまや「構造改革」は実行段階に入ったとされ、小泉首相も構造改革は着実に実行に移されていると述べているが、ここで少し、振り返っておこう。

確かに、今日の日本の経済社会が大きな転換を迫られているという点ではまずほとんどの人が同意するところであろう。しかし、その転換の内容となると、人によってその意味するところは随分と異なっているのであって、決して意見の一意があるわけではない。

にもかかわらず、マスコミ世論は、小泉氏の支持率80%という数字の魔力に寄りかかって、ともかくも「構造改革」の速やかな実現を国民は待望しているという「物語」を定着させようとする。「構造改革」は疑う余地のない既定方針とみなされてしまうので、これに反対するものは「守旧派」や「抵抗勢力」と呼ばれることになる。改革が遅れるとすれば、それは官僚と自民党旧主流派という「守旧勢力」のためだというテレ・ポリティックス向けのストーリーが作り出される。

株式市場が低迷を続けるのは、守旧勢力によって改革が遅延しているからだと「解説」され、こうして「構造改革」なるキーワードはほとんど疑問をさしはさむ余地なきものへと祭り上げられていった。その結果、「改革」というイメージや言葉だけが先行し、現実は容易には改革は進展せずということになる。

これは小泉政権になってはじめて生じたことではない。実際、90年代を通じて「改革」は、その内容についての論議はほとんどなされないままに時代のキーワードになっていった。90年代の半ばには「構造改革」は疑う余地のないマジックワードとなってしまい、「改革」を阻む官僚組織や日本的経営システムが槍玉《やりだま》にあげられた。

だが、現実は一夜にして変わるわけもなく、結果として、性急な改革論と緩慢な現実の間隙に日本経済は陥ってしまった。従来の日本的システムは崩れてゆき、しかし「改革」は十分には進まないという宙ぶらりんの状態である。

その結果、改革論者は、守旧勢力のおかげで日本経済はいつまでたっても変わらないといらだち、一方、「現実」を這いずり回る中小企業経営者は、机上の理論を適用した改革論に不信を強めた。こうして先行きの方向を見失ったまま21世紀へと日本は突入したわけである。

この中で失われたものは何だったのだろうか。90年代の「失われた十年」で消失したものは、ただ経済的な富と資産だけではなく、冷静な思考と自信であった。90年代に「構造改革」なる言葉の乱舞の中で失われた最大のものは、冷静な議論や思考とそこから得られる確信であった。

むろん、あらゆる事柄には疑う余地があるだろう。とりわけ複雑で多様化が進む現代社会では、すべてを簡単な善と悪で割り切ってしまうことはできない。とすれば、構造改革論は正しく守旧派は既得権益にしがみつく悪だなどと単純化することはできないはずであった。「構造改革」とはそもそも何を意味し、何をもたらすか、もう少し冷静に検討しておけば、事態は少しは違ったものとなっていたはずである。

2　曖昧な期待と漠然たる不安

幻想を利用した小泉政治

そして、この90年代の失敗と同じ光景がまた繰り返されているように見える。しかも、いっそう性急かつ大規模にである。

たとえば、小泉内閣のいう「構造改革」について人々が抱いているイメージはどんなものだろうか。事実、それは時と場合によってかなり異なったニュアンスを帯びている。時には、「構造改革」は財政再建、公共事業の見直し、特殊法人の解体・民営化を意味し、時にはそれは市場競争力の強化、規制緩和、ビジネス・チャンスの創出を意味し、時にはリストラと不良債権処理そのものを指す。

小泉氏の首相就任以来の2年間あまりを振り返っても、構造改革は、日本経済の抜本的改革だったり、特殊法人の民営化だったり、財政規模の縮小つまり財政健全化であったり、さらには、不良債権処理であったり、銀行経営の再生であったりする。また、「構造改革なくして景気回復なし」と言われ、あるいは「構造改革なくして経済成長なし」とされ、あたかも景気対策（景気対策と成長力の強化では随分異なっているが）であるかのようにみなされたりもする。近年では、デフレ対策と銀行の不良債権処理がほとんど「構造改革」と同一視されてしまう有様だ。

いうまでもなく、これらは、本来、異なった事項だ。財政再建と市場競争力の強化、不良債権処理、それに景気回復などは、関連はあるが異なった課題だ。それは別個に議論して相互に調整すべき事柄である。

強いて言えば、景気対策は主として短期的マクロ的問題であり、不良債権処理は短期的ミクロ的問題、公共事業見直しは財政構造（財政の内実）の問題であり、財政再建は財政規模の問題であり、それは主として長期的なマクロ的政策とも関連する。市場競争力の強化は、主としてミクロ的で長期的な問題というべきであろう。

ところがこれらをすべてひとくくりにして「構造改革」と呼ばれるのである。こうなると、誰もが、何らかの意味で「構造改革論者」だということになろう。そして、このすべての問題に対処できる一つの正解があるかのようなイメージが作り上げられた。これが小泉政治の手法であった。80％の小泉支持者は、何らかの意味でこの種の幻想に囚われたといってよい。世論がこの種の幻想を作り上げ、小泉首相はこの幻想を巧みに利用した。こうして内容の曖昧なままに「小泉構造改革」なるものが支持率80％で独り歩きしだしたのである。

余剰人員をどこが吸収するのか

確かに「構造改革論」には、それを支えている一つの信念のようなものがある。それは民間の自由な市場競争こそが経済的効率の観点からは望ましいという信念だ。この信念に基づいて、非効率的な産業分野から効率的な市場競争分野へと資源配分を転換すれば、経済の効率化を実現することができる、これが「構造改革」の基本的な考え方だ。そして多少の限定をつけるとしても、オーソドックスな経済学は、おおよそ市場競争の効率化という命題を支持している。現実はともかくとして、理念の上で市場競争は望ましいという命題を批判するのは難しい。

「構造改革論」は、現在の日本経済の停滞の基本原因は、市場競争が十分でないために生じている、という。その結果、非効率的で生産性の低い産業や企業に資源が投下され、効率的な産業が成長できなくなっている。非効率的産業に資源が投下されている理由は、行政規制によって過剰債務を抱えた低生産性分野が保護され、また、公共事業が政治的な利権によって誘導されているためである。

それゆえ、過剰債務企業を整理し、行政規制を廃し、公共事業を削減することによって、資源がより生産性の高い分野に回るという。こうして、低生産性分野・企業の整理（リストラ）、規制緩和・行政指導の廃止、そして公共事業費削減、特殊法人の解体・縮小といった「経済再生戦略」が登場する。

しかし、これらが、確実に「経済再生」を実現する理由は決して明らかではないし、それどころか、まず基本的な疑問が残る。

低生産性分野や過剰債務を抱えた企業の整理を市場競争原理によって行なった場合、当然ながら大きな社会的混乱が生じる。低生産性分野での企業整理は、かなりの失業を生み出す。「経済戦略会議」は、ここで生じた失業は、規制緩和によって誕生する新規ビジネスによって吸収されるという。とりわけＩＴ関連の高生産性分野に吸収されるという。

しかし、実際には、事態はそれほど簡単には進まない。企業でリストラに遭うのは、さほど適応力の高くない（つまりビジネスにあまり向いていない）従業員だろうから、彼らがすぐに新たなビジネスを始められるとは考えにくい。伝統的な商店といったスモール・ビジネスの場合も同様だ。これまで小規模な小売店を営んでいたり、大衆食堂をやっていた者が、いきなりＩＴ部門に移行できるはずはない。

日本経済の再生のカギは、低生産性分野から高生産性分野への資源移動だとされる。そのためには、低生産性分野や過剰債務企業を整理して放出される余剰労働力を、高生産性分野で吸収しなければならない。ところが、実際には、高生産性を実現している企業は、もっぱらリストラに成功したがゆえの生産性向上なのである。こうした企業が余剰人員を採用するわけがない。事実、近年、生産性が高いのは製造業であって、必ずしも非製造業（サーヴィス業）ではない。では、生産性の低いサーヴィス業から、生産性の高い製造業に労働力が移動しているかというとその逆なのである。

全就業者に占める製造業の割合は、70年代の27％から、90年の24％、２０００年には20％へと減少している。一方、サーヴィス業は、70年代の40％から、90年の50％、２０００年には60％へと増加し

図1　実質GDPの産業別構成

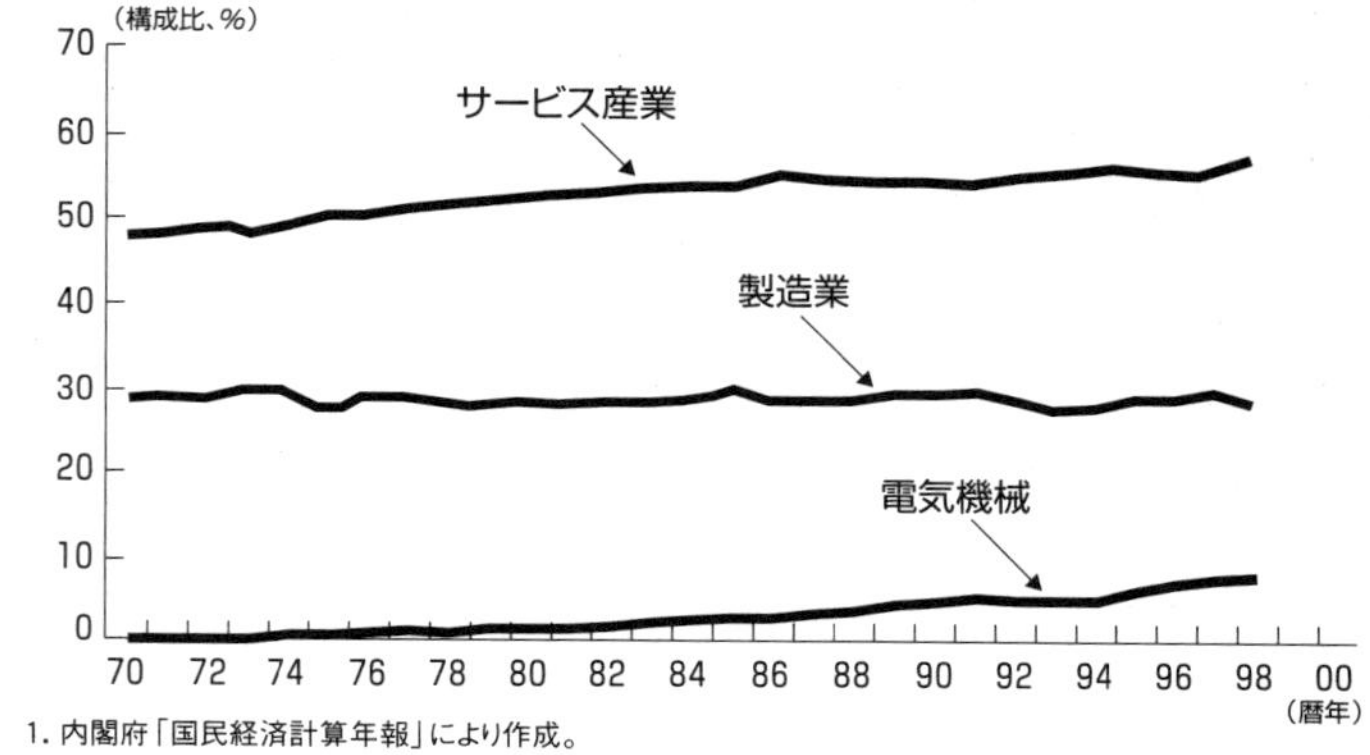

1. 内閣府「国民経済計算年報」により作成。
2. 産業GDPに対する構成比を示す。
3. 68SNAベース。
4. サービス産業とは、卸売・小売業、金融・保険業、不動産業、運輸・通信業、サービス業の合計。

『経済財政白書平成14年』より

ている。明らかに、製造業からサーヴィス業への労働力のシフトが生じている。ところが、実質GDPの生産の産業別シェアは、製造業は90年代を通じて、30％弱とほとんど変化せず、とりわけ電気機械は、90年代に確実にシェアを伸ばしている。これに対して、サーヴィス業のシェアは、90年の50％強よりわずかに増加しているものの、さして変化していない。

　ということは、製造業の生産性が上昇しているのに対して、サーヴィス業の生産性はむしろ低下しているのである。

　実際、製造業は90年代前半の労働生産性の伸び率3・5％を、90年代後半には4％まで高めている。これに対して、非製造業の場合、90年代前半の伸び率2％は、後半には1・6％まで下がっているのである。しかも、流通業、金融・保険業、

図2　労働生産性上昇の要因分解

90年代に非製造業のTFP低下を主因として低下

90年以前と91年以降の比較

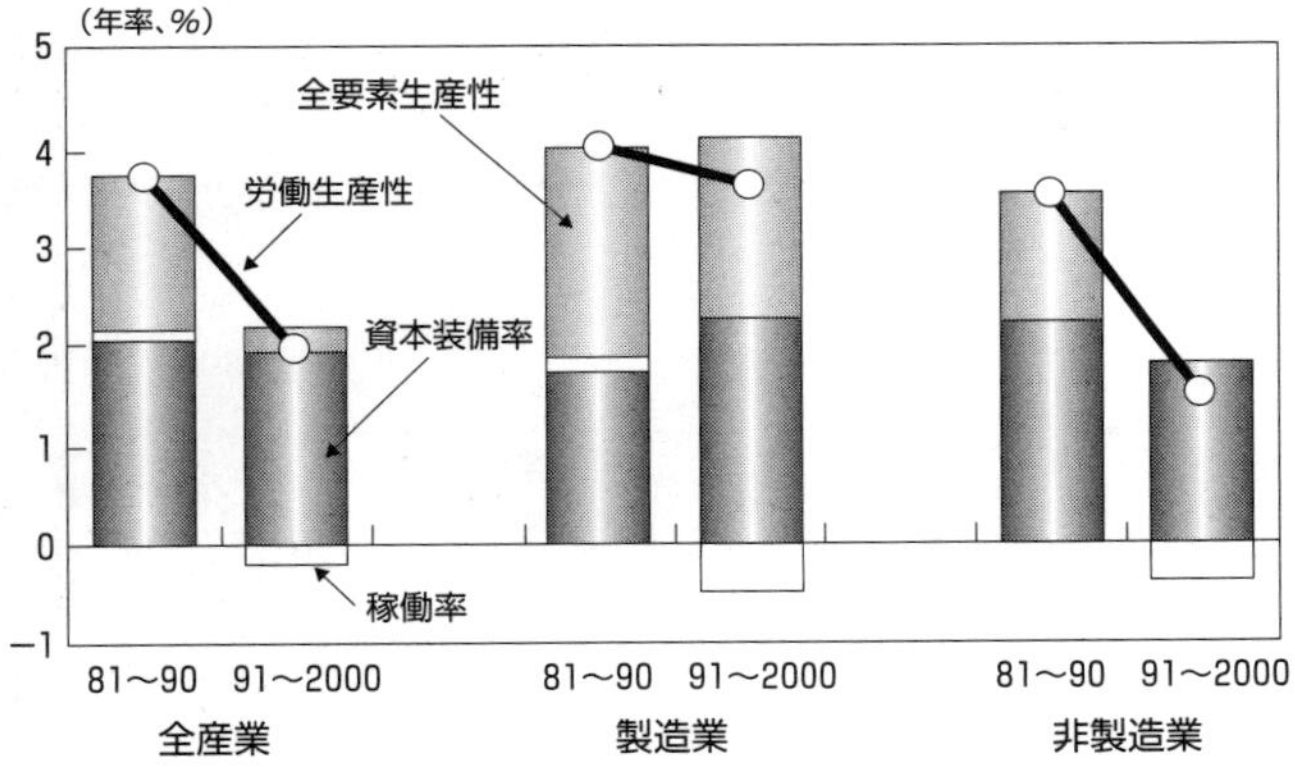

90年代前半と後半の比較

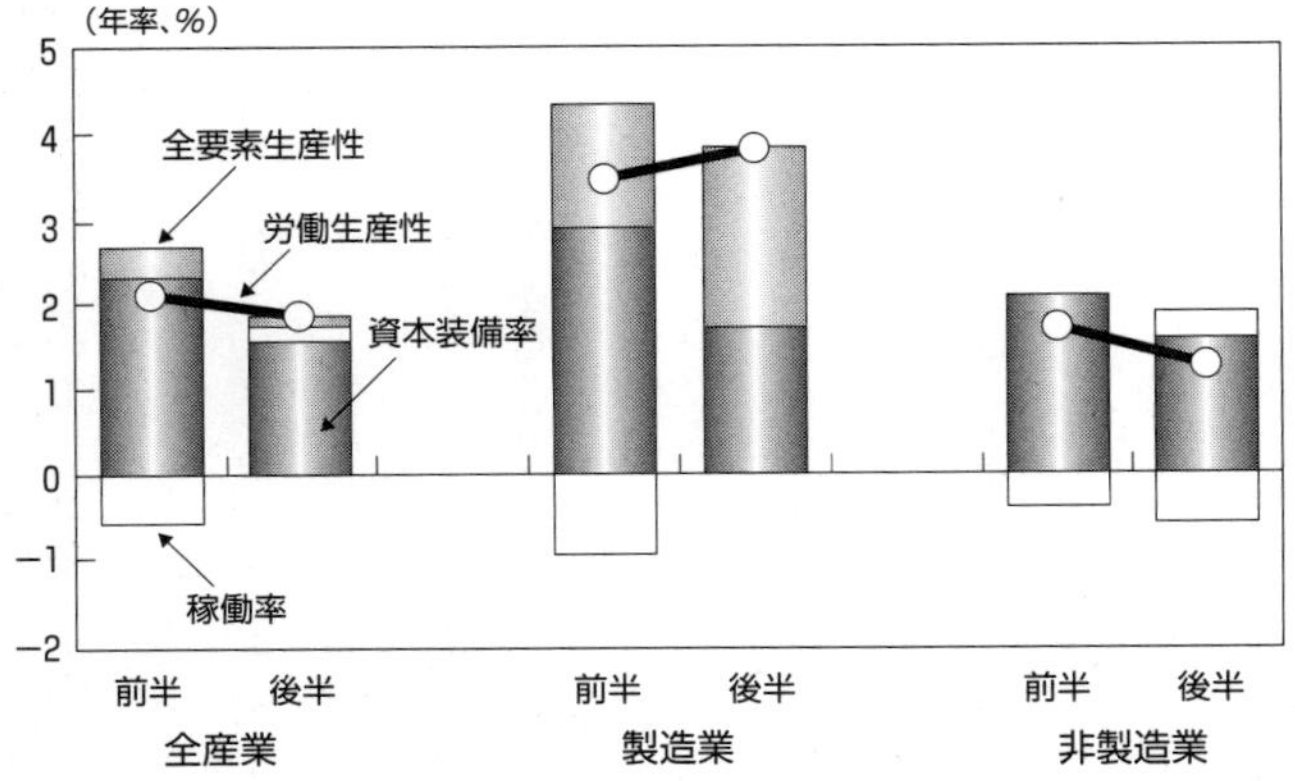

『経済財政白書平成14年』より

図3　全要素生産性（TFP）の上昇率

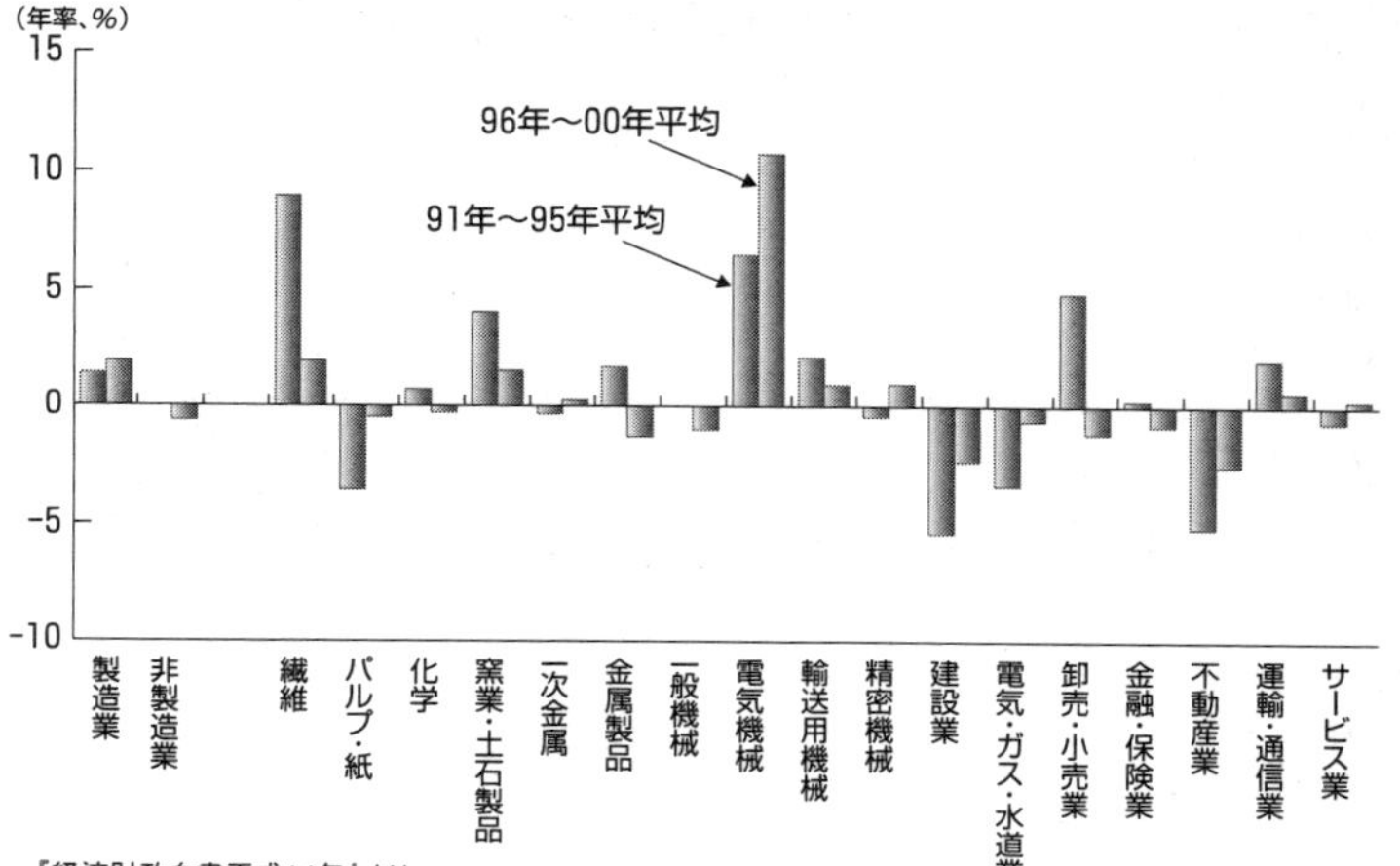

『経済財政白書平成14年』より

通信・運輸業といった規制緩和が行なわれた「改革」の重点分野においてむしろ、生産性の下落は激しい。これらの分野では、90年代後半の生産性（全要素生産性）上昇率は、おしなべてマイナスとなっている。生産性の上昇が明瞭なのは、電気機械、精密機械を中心とする製造業であって、非製造の生産性上昇率は低下している。「改革」の目玉分野では、決して生産性は向上していない。ましてや、低生産性分野から高生産性分野への労働力移動は生じてはいない。

　製造業における生産性の向上は、技術革新もさることながら、少なくともその何割かは、就業者数の減少、すなわちリストラによってもたらされたと見ることができよう。そして、余剰人員はサーヴィス業に流れた。そしてそれは「構造改革論」の主張とは逆に、日本経済の生産性の低下にこそ役立っているのである。

民営化論の乱暴さ

さらに、「経済再生戦略」が重視しているのは、公共事業の削減と特殊法人の解体である。これも、「市場競争は効率的」という命題から、公共事業や公益事業が民間経済活動を圧迫しているので、これを解体・民営化すべしという論議が出てくる。確かに、公共事業の全面的な見直しや特殊法人の見直しも必要だが、それらが市場競争に対して非効率だから縮減せよというのは、議論としてやはり無謀だ。なぜなら、公共事業は、もともと、民間経済活動によっては採算がとれないから政府や公益事業団がやっているのである。これが非効率的なのは当然であるが、だからといって民営化すれば効率的となるわけではない。また、民間資本が常に、効率的で人々の欲しているものを提供すると考えるのは、あまりにナイーブに過ぎる。

確かに公共事業の中には、無駄で意味のない、利権がらみとなっただけのものは随分ある。それはそれで大きな問題だ。公共事業の見直しは不可欠である。しかし、公共事業の有効性は、効率性や採算性によって評価されるべきものとは異なっているのである。だから、それを民営化すれば解決するものではないのであって、利権がらみの公共事業という政治問題と経済の効率化の議論とは全く別の次元のこととして論じなければならない。

同様に、財政投融資に代表される公共資金が、収益性を生まない事業に投資されており、経済効率を損なっているという議論も同様にいささか暴論だ。民間投資では収益ベースに乗らないからこそ公共投資の対象になっているのだから、公共事業の成果を民間資本の収益性と比較することがそもそも無理な話なのである。

確かに、特殊法人の見直しも不可欠であるが、それは採算性や効率性ではなく、長期的な国民生活のインフラストラクチャーにとっての必要性と機能性の観点からこそ評価されるべきことである。営利性の観点からした官民の比較は、ほとんど、車の通らない道路を造るのがよいのか、それともヘッジ・ファンドに投資して国際投資市場でリスク覚悟で運用するのがよいか、という選択のようなもので、そもそも比較にあまり意味がないだろう。

実際、今日、「官」から「民」へ流れた資金は、たとえば、民間の不動産業、建設業、デベロッパーを介して、マンションや巨大ビルの建設ラッシュへと回る。「民」の資金は、採算の不透明なベンチャー型の新規ビジネスへは回らず、ある特定地区に集中して乱開発の様相を呈する。国や地方自治体が公共部門の縮小で売り出した国有地や公有地の後に、民間建設会社が巨大マンションや巨大ビルを造るという構図はきわめて一般的に見られるものだ。これでは、公共建造物が、ただ民間の巨大ビルに変わっただけにすぎないのである。それならば、まだ公共施設のほうがましだという考えも当然出てくるだろう。

にもかかわらず、ともかくも「官」から「民」へという「世論」が作られてしまった。「効率性」と「営利性」が唯一の基準になってしまった。「何を作るのか」という本来なされるべき議論はほとんど排除されてしまった。非効率的な「官」から効率的な「民」へというマネー・シフトこそが「構造改革」になってしまった。こうしてすべてが「構造改革」の名のもとに脇に追いやられたわけである。

公共事業の削減、特殊法人の民営化、緊縮財政、市場競争の強化などが、議論の余地なく当然のことになってしまい、それに対する反論はすべて「抵抗勢力」の利権を擁護するものとして排除されることとなったのである。その意味で、「政治的」に動いたのは、むしろ「構造改革」を唱える側だったというべきかもしれない。

だが、重要なのは、公共事業をただ削減することではなく、その「内容」を見直すことである。「民」へ資金を流せば、それで経済は再生するというものではない。市場競争は無条件に効率性を達成できるのかどうか、これは本当は改めて論ずるべき事柄だ。

しかも、実際には、小泉政権は、国債発行30兆円枠を守ることはできず、特殊法人の民営化では相当の譲歩と妥協をし、公共事業削減も十分にはなしえていない。こうなると、逆に「構造改革」が後退しているように見えてしまうのである。それならば、最初から「構造改革」の前提条件を議論しておくべきであった。

曖昧な期待と漠然たる不安

私は、従来の公共事業や公益事業、特殊法人を擁護しているわけではない。従来の公共事業や公益事業が、利権政治と結びついた予算ばら撒《ま》き型の土木、建設に偏していたという批判はきわめてもっともなもので、従来の公共事業の見直しはぜひとも必要なことだ。もはや高度成長時代の、地方へ資金を散布する土木、建設型の開発主義が時代にそぐわないことは明らかである。

ただ、この場合に、次のことは留意しておかねばならない。公共事業にからむ利権によって利益を得ていたのは一部の政治家やゼネコンだけではない、ということだ。もしそうなら話は簡単である。しかし、実際には、地方経済は、公共事業のばら撒《ま》き予算によって支えられてきたのであり、地方生活そのものがこの構造の中で恩恵を得てきた。地方経済がほとんどそっくりこの構造の中につかってしまっているといってよいだろう。こうして、戦後日本経済は、中央と地方の格差をそれほど極端なものとすることなく、経済成長を達成するという「成長循環の構造」を作り出してきた。これは「利権の構造」でもあるが、同時に「成長循環の構造」でもあった。

とすれば、公共事業の見直しとは、地方経済の構造を一気に崩してしまうことになる。それだけではなく、日本の戦後の経済発展の循環構造そのものに大きな打撃を与えることになる。だが果たして、そこからくる地方の混乱や疲弊《ひへい》をどうしてカバーするのか、それをカバーするには、また別の事業や指導が必要となるであろう。

それならば、問題は、公共事業、公益事業に向けられていた「無駄な」資金を民間に向ければ経済が活発化するという点にあるのではなくて、地方経済を活性化する別の政策や新たな公共事業をいかにして組織するか、ということにならざるをえない。その上で、新たな「成長循環の構造」へ向けた条件整備に着手しなければならないだろう。

重要なことは、ただ公共事業を削減することではなく、その使い道を改めて検討することなのである。後でまた述べるが、実際には、今日ほど、公共資金（パブリック・ファンド）の、適切で有意義な利用が求められている時はないのではなかろうか。

だからこそ、従来の、補助金や交付金を使った地方へのばら撒き型の公共事業や、高度成長時代の名残《なごり》というべき時代にそぐわなくなった特殊法人の改革が必要となっているのであって、それは、公共的資金が収益性をあげないから民間に振り向けよという論理によるものではない。公共資金のいっそう有効な使用を策定することで、将来に向けた長期的計画を実現するためなのである。

私なら、およそ以上のように考えたい。しかし、繰り返すが、このような議論の方向そのものが「構造改革」対「抵抗勢力」というようなテレ・ポリティックス型の単純化によって排除されてしまった。

しかし、もしも、上のような方向で議論しておけば、とても現在の小泉首相のいうような「構造改革」では話はすまないだろう。なぜならこの場合には、将来を見据えた社会のヴィジョン形成が必要となるからだ。日本の将来の国家像が必要となるのである。そして、この国家像へ向けた長期的な見通しと、それに基づく経済構想の転換こそが本来「構造改革」と呼ばれるべきものではなかろうか。「構造改革」が、いやしくも、われわれの生活基盤を根底から変えてしまうものだとするならば、われわれの生活基盤の将来像をある程度思い描けるようにしておかねばならない。この将来像が見えれば、経済活動はそれなりに活性化する。だが、この将来像が全く見えないために、現下の「構造改革」は曖昧な期待と漠然たる不安の両方を与えているのである。今日の「構造改革」は、先が見えないゆえに可能性を与え、それが人々に期待を与えているが、まさに同じ理由で将来に対する不安を掻き立てているのである。

市場に方向を与える国家像はあるか

確かに将来の国家ヴィジョンを提示することは容易なことではない。数年先の社会のイメージさえつかめないのに将来の社会像を描き出すことなど不可能だ、ということにもなろう。まして、この民主的社会では、一体、誰が将来の社会像など決めてしまうことができるのか、ということだ。

そして、この、誰も将来のことなどわからないというペシミズムが、市場主義というオプティミズムを招来しているのである。将来の社会像など誰も描き出すことはできないからこそ、すべてを市場の淘汰に委《ゆだ》ねようというわけだ。誰もがヴィジョンを描く責任能力を持てないから、「市場」にすべてを委ねてしまおうとする。むろん、これは政治の責任放棄である。将来のヴィジョンを提示できるのは政治だけだからである。

市場はあらかじめ将来の社会像などというものを設定しはしない。市場は競争を通じて人々の購入するもの、人々の欲するものを提供する。この進化的で淘汰的なプロセスがどのような社会を生み出すかは誰もわかりはしない。しかしそれは、長期的にはおおよそ多数の人々の満足に寄与する社会ではあろうと楽観的に想定するのが、市場主義のオプティミズムである。

しかし、このオプティミズムが、その底に、将来の社会像などというものは描き出せない、また何が望ましいかなどは誰も決めることはできない、というペシミズムを抱懐していることを見逃すべきではない。市場主義という楽観の裏には、自分たちの将来像を描くことができない、という悲観と諦念がある。そして、このペシミズムとシニシズムこそが、経済の停滞をもたらしているもっとも根底にあるものではなかろうか。

ここに、市場経済が本質的に不安定性を克服できない理由がある。市場競争への転換が人々に不安を与えるのは、絶えず倒産やリストラの可能性にさらされているからというだけではない。それは将来の社会像を描き出すことをほとんど不可能にしてしまうからだ。

将来の社会像を描き出すことができないから、人々はいま現在の方針を確定することができない。いまある決断をし、選択をすることに対して確信を持つことができないのである。こうなると、将来の収益率について確信を持てない企業は長期的投資を控え、将来の収益性期待を織り込めない株価は、短期的な資本利得をめぐって不安定に変動するだろう。消費者は消費を切り詰めて資金を貯蓄に回すだろう。

これは市場競争経済の必然というべきなのである。ただ高度成長期の日本のように、暗黙裡にでもあらかじめ共有された国家目標があり、社会の将来像を楽観的にイメージすることができた時には、むしろ市場経済はうまく機能するのである。しかし、今日、この転換期にはこの指針が全く存在しない。だが、そうであればこそ、市場に対して方向を与える国家像あるいは公共哲学が必要とされるのである。

そのことはまた後で述べるとして、では、この平成不況をもたらした三重苦とは何なのか、それをまずは順を追って述べておこう。

第2章　「構造改革」による不況

1　景気対策は無効だったのか？

3・5％成長だった96年

今日の日本の長期低迷をもたらした要因として、私は、(1) 90年代の政策のもたらした混乱、(2) グローバリズムの理解と対応の失敗、(3) 日本社会の構造変化への戦略の欠如、の三つの問題があることを述べた。ここではその第一のポイントについて論じてみよう。つまり、90年代のバブル崩壊以降の政策、とりわけムードとしての構造改革がもたらした政策上の混乱である。

90年代以降の長期的停滞は、いま、振り返ってみると、明らかにいくつかのポイントとなる年があった。そのことを明らかにするために、ここでざっと90年代の経済の動きを振り返っておこう。

実質ＧＤＰの動きで見ると、景気の下降は91年から始まる。バブルが崩壊した結果、景気が悪化するのは当然だが、この不況は93年には底をつく。すなわち、バブル崩壊による資産価値の低下、消費の減退、投資の低下、そしてストック調整と続く景気の下降は、さしあたり93年から94年には底を打つのである。ＧＤＰに対する寄与度で見ると、民間支出が92、93年とマイナス１％前後となるのに対

図4　90年代以降の日本の実質経済成長率（GDP）

年	90	91	92	93	94	95	96	97	98	99	2000	2001
%	5.3	3.1	0.9	0.4	1.0	1.6	3.5	1.8	−1.1	0.7	2.4	−0.2

して、公的支出がプラス１・５％前後であるから、この時期の景気の低迷をかろうじて食い止めたのは公共支出だと見てよい。

その後、経済は、94年から96年にかけて回復に向かい、96年の成長率は３・５％で、これは先進国中の最高の数字である。95年には大規模な公共投資が行なわれ、96年には民間消費、企業の設備投資、住宅建設とすべて前年に対して上向きとなる。95年の『経済白書』は、すでにバブル崩壊後のストック調整は終了したと述べている。

つまり、バブル崩壊後の景気低迷はすでに底をつき、この時期には経済は回復に向かっていた。この時期の輸出寄与度は決して高くはないので、経済は内需主導で自律的に回復基調に乗りかけていたわけである。

ところが、まさにその中で「構造改革」が唱えられ、96年にはそれは絶頂に達した。この「構造改革論」を待望する世論の後押しによって、96年に登場した橋本内閣は、財政改革、行政改革、そして規制緩和や金融自由化を中心とする経済改革に着手することとなる。ところが経済はその直後から急速に悪化するのである。

世論迎合としての橋本「改革」

では何が景気の反転をもたらしたのか。直接の原因は、緊縮財政政策と消費税の引き上げだとされている。さらに引き続いて、97年の夏にはアジア経済危機が生じ、秋には山一證券や北海道拓殖銀行の破綻が相次ぎ、日本の金融システムに対する不安が広がる。

しかし、まさにその金融不安の真っ最中である97年に、いわゆる金融ビッグバンの実施が決定されるのであり、98年には実質経済成長率はマイナス1%にまで落ち込むこととなる。

後になって橋本氏は消費税率引き上げや緊縮財政を自らの失政として認めた。確かに、しばしば、消費税の引き上げが景気悪化の決定的な理由とされ、財政緊縮路線が槍玉にあげられるのだが、そのことをあまり強調するのは必ずしも適切ではなかろう。

第一に、橋本内閣の財政改革、行政改革は世論の強い後押しを受けて行なわれたもので、いまとなって失政だというのは簡単だが、当時は、橋本内閣の経済改革は、マスコミ、エコノミスト、財界代表などがこぞって支持していたのである。この時、橋本政権が「改革」を放棄して、大規模公共投資による財政拡張を唱えておれば、間違いなくマスコミにたたかれ、内閣は崩壊していただろう。

そして第二に、消費税の引き上げそのものがその後数年にわたって影響し続けるとは考えられない。消費税の引き上げは一つのきっかけではあったが、それがその後の急速な経済低迷を引き起こした決定的要因だとは考えにくい。96年以降の動向はもう少し広い視野で見ておく必要があろう。

いずれにせよ、確かなことは、96年の橋本政権の誕生によって、大きな政策の転換が行なわれたということであり、それは財政による景気刺激から、財政の削減を伴う「構造改革」へと政策転換が生じたということである。「経済構造改革」とは、要するに、公共支出や行政指導による政府主導の経済から市場競争経済への転換ということである。財政改革、行政改革、規制緩和、金融自由化など、すべて市場競争の強化へ向けた「構造的」政策であった。

こうした市場競争へ向けた規制緩和を軸とする「構造改革」論は、すでに93、94年から世論を動かすようになっていた。この時期は、また自民党政権の崩壊という「政治改革」の流れの中で、自民党と官僚行政の結びつきという「政」と「官」の癒着がマスコミの集中砲火を浴びている時代である。この「政治改革」の流れの中で出てきた官僚行政への批判と、「経済改革」の流れの中で出てきた官僚主導型経済への批判が結合したといってよいだろう。したがって、官僚行政からの規制緩和こそがこの時期のキーワードであった。

そして、この「官」への批判が頂点に達した時に、いわゆる住専問題が生じる。95年のことである。明らかに、この時に、不良債権問題を処理しておけば、今日のような深刻な問題は生じなかった。農林系金融機関や住専だけではなく、銀行の不良債権問題に関する問題提起はないわけではなかった。

しかし、それは、住専がらみの不良債権に公的資金を導入することに対する「世論」の圧倒的な批判の前に全くかき消された。批判の矛先は、大蔵省と農林省に向けられ、仮に大蔵省が、銀行の不良債権問題をある程度理解していたとしても、世論の圧倒的な批判の前ではとても公的資金の投入などを持ち出すことはできなかっただろう。

そして、規制緩和を合言葉とする「構造改革」を唱える世論が頂点に達するのが96年であり、明らかに橋本政権はこの世論に乗って「構造改革」を政治的プログラムに載せたのであった。

社会党の村山党首を首相とする自社連立政権というきわめて変則的な事態から、ようやく自民党が政権を奪取したのであるから、世論の流れに即した改革路線を打ち出すことで、従来の自民党のイメージを払拭し、新たな自民党の方向を打ち出したいという政治的野心が橋本氏にはあったのであろう。これも一種の世論迎合であった。そして、橋本氏の「構造改革」の登場とともに、日本経済は再び不況へと向かったのである。

その後、96、97年の金融不安、それに続く、ロシア経済危機に端を発するアメリカ株式市場の暴落、ラテンアメリカ諸国の金融不安と続く中で、実際、世界恐慌さえ取りざたされることとなる。わが国においても、山一證券、北海道拓殖銀行の破綻と続く金融不安の中で、事実上、「構造改革」は放棄されることとなる。すなわち、金融システムの安定化のために、97年には30兆円の公的資金投入が決定され、98年には60兆円の公的資金投入枠が決定される。

98年の7月には橋本政権から小渕政権に交代するが、小渕内閣は総額約24兆円の財政支出を含む「緊急経済対策」を発表する。アメリカからの強い圧力のもとで、小渕政権は、金融システム安定化のための公的資金を準備し、財政拡張による内需拡大を行なって景気を支える。つまり、ここで「構造改革」は棚上げされ、もっぱら財政拡大に転換するのであり、その結果、緩やかながらも、経済は99年、2000年と景気回復に向かうこととなる。2000年の実質成長率は2・4%まで回復しているのである。

その後、小渕首相の急逝により森首相が就任するが、森政権は再び緊縮財政へと転換する。もっとも森政権の経済政策は必ずしも明確なものではなかった。ただ、景気刺激ではなく、緊縮財政と戦略的なIT革命の推進が森政権の政策の柱であった。だが、まさにその緊縮財政と、アメリカにおけるITバブルの崩壊によって景気回復は挫折し、2000年度の後半期からまた経済は悪化する。

その後の経緯についてはもう触れるまでもないであろう。01年に小泉首相が登場し、「構造改革」を本格的に始動すると宣言して以来、経済は低迷を続け、マイナス成長が続く。とりわけ株価や土地などの資産価値は減価を続けており、その結果として銀行の不良債権問題がきわめて深刻化したわけである。マスメディアやエコノミストは、森首相の退陣によって株価は上昇するだろう、小泉首相によって株式市場は活性化するだろうと述べたが、事態は全く異なっていた。実際には、景気刺激策を否定して、「構造改革なくして経済回復なし」という小泉氏の構造改革の中で、日本経済は戦後最悪の状態へと落ち込んでいる。

繰り返された政策転換

このように見れば、90年代の経済停滞といわれるものにはいくつかの無視しえない特徴があるといってよいだろう。

まず、90年代を一口に「10年不況」などというが、決して一貫して不況だったわけではない。ここには二つの山と三つの谷があった。91—93年にいたる景気後退と94—96年にいたる景気回復、続く、96—98年の景気後退、それに98—2000年にいたる緩やかな景気回復と2000年以降の後退である。

91—93年の後退が、主としてバブル崩壊による資産デフレとストック調整によるものだとすれば、96—98年の後退は、むしろ「構造改革」の登場によってもたらされたものである。今回の後退もいうまでもなく「構造改革」の実行によっている。そして、これとは逆に、94—96年および98—2000年の景気回復は、主として財政拡張政策によって可能となったといってよいだろう。

ケインズ主義的な財政拡張政策が効力を失ったというのが「構造改革論」の主張であった。理論的にいえば、すでにアメリカではシカゴ大学を中心とするいわゆるマネタリストたちが、一貫してケインズ的財政政策の無効を唱えていたし、このマネタリストの主張は、70年代には、アメリカ経済学の主流になってしまっていた。

確かに、ケインズ的財政拡張は、理論的にいっても決して万全ではない。マネタリストの主張はこうである。財政拡張による財政赤字は、やがて増税をもたらすため、人々の消費を抑制するだろうし、また、金利を上げることとなるために、民間企業の投資を抑制するだろう。つまり、財政政策は民間部門の経済活動の水準を低下させるので、経済全体に対する効果は相殺されるという。

確かに、こうした判断はありえようし、また理論的にいっても、一国経済（ナショナル・エコノミー）を想定しているケインズ主義が、今日のグローバル・エコノミーの中で十分な効果を持ちえないという批判に根拠がないわけではない。

しかし、それにもかかわらず、90年代の消費と投資の低迷の中で、二度にわたって景気を支えたのは公共支出であったとしか考えにくい。逆に、財政改革などの名目によって緊縮財政をとった時には景気は反転しているのである。

構造改革論者は、財政政策に一定の効果を認めながらも、それが長続きしない点に、財政政策の限界を求めようとする。確かに、94―96年と98―2000年にかけての景気回復はいずれも長続きしていない。それは財政政策がもはや無効になったということであろうか。

そうとはいえない。なぜなら、財政政策が一定の効果をもたらすや、すぐに緊縮財政に転じてしまうからである。96年に景気が回復軌道に乗るや否や「構造改革」によって、緊縮財政に転換し、2000年も同様に、景気回復基調が出てくるや、また緊縮財政に転換しているのである。

いうまでもなく、財政政策の乗数効果は、財政が拡大することによって効果を表す。だから、持続的に景気を刺激しようとすれば、ある期間、財政を拡張してゆかねばならない。確かにこのことは、財政に大きな負担を生み出すことは間違いない。

しかし逆に、ひとたび拡大した財政を縮小するとマイナスの乗数効果が生み出される。財政を緊縮に転じると、ＧＤＰに対して大きなマイナス効果を持つのである。この点は、植草一秀（『現代日本経済政策論』岩波書店）も指摘しているとおりで、彼は、90年代の不況の最大の原因は、景気が回復に入るや否や財政緊縮に入る政策の失敗であると主張しているが、さらに言えば、そのような政策転換圧力をかけたのは、「構造改革」を求める強い世論であった。

２　「構造改革」が招いた混乱

経済の変動をムードが作り出す

しかし、ここにもっと重要な要因がある。確かに緊縮財政は、景気の腰折れをもたらした重要な要因となっている。しかし、それだけが問題を引き起こしたわけではない。

そのことを説明するために平成14年の『経済財政白書』を見てみよう。同書は、財政のマクロ経済に及ぼす影響を論じているが、おおよそ次のような認識を示している。

財政を見る場合、当初計画ではなく、補正予算を含めた最終的な一般政府支出、すなわち公共投資と政府消費、社会保障移転給付などをすべてを合わせた実際上の政府支出を見ると、90年代を通じて、ほぼコンスタントかわずかながら増加している。ただ政府消費と公共投資の合計で見ると、90年代後半はほぼコンスタントに推移しているといってよい。

図からわかるように、一般政府支出の合計は96―97年にかけてはほぼ横ばいであり、97―98年にかけて増加した後、98―99年にかけては低下している。また、森政権下から小泉政権への２０００―01

図5　一般政府の支出の推移

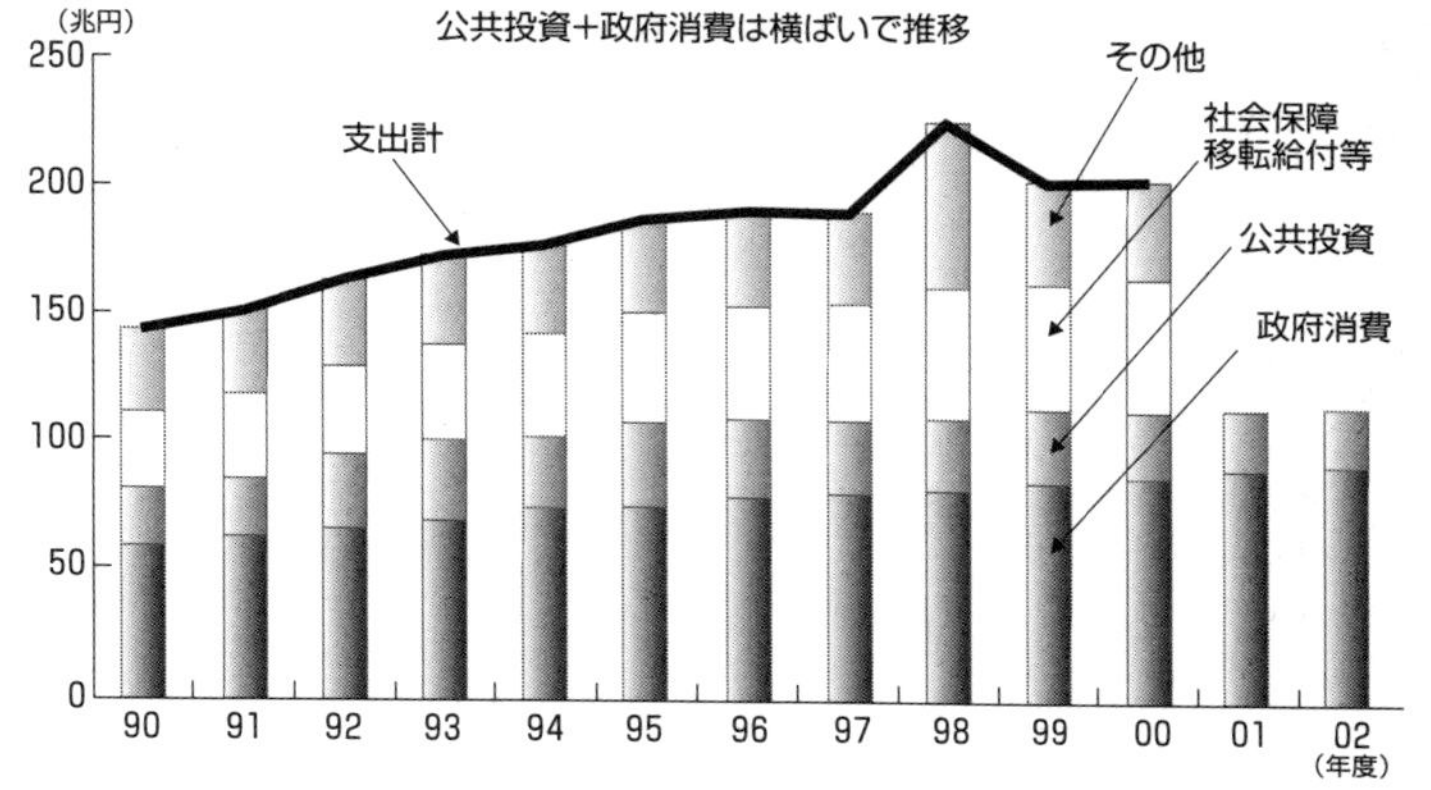

（注）1. 国民経済計算年報より作成。一般政府内の経常・資本移転は控除してある。
2. 2001年度はQE、2002年度は政府経済見通しの数値より推計。

『経済財政白書平成14年』より

年にかけても財政赤字はむしろ増加している。だから、政府支出の合計で見ると、90年代を通じて決して「構造改革」によって明確に財政が削減されたとはいいがたい。

　ということは、必ずしも、緊縮財政によってマイナスの乗数効果が作用したとはいえないであろう。もっとも、乗数は、公共投資と単なる政府消費では効果が異なるし、中身の検討が必要ではあろう。しかし、それにしても、公共投資を含んだ最終政府支出でみれば、景気刺激策と緊縮財政の相違がくっきりと浮かび上がるわけではない。

　『経済財政白書』は、こうした認識に立って、90年代を通じて、結局、財政支出はさしたる効果をもたらさなかった。と同時に、逆にいえば、財政削減もさしたるマイナス効果をもたらさない、と主張している（ここには、財政削減が決して景気の悪化を招くものではないとする政策的意図が働いているのだろう）。

むしろ、財政再建は、マイナス効果どころか、民間部門の経済活動を活発化することで、ＧＤＰに対してプラスの効果を持つという「非ケインズ効果」を発揮するだろうと述べる。まさにこの主張が、小泉政権の「財政構造改革」を支えている。

ここで、90年代を通じて、ほぼ一貫して財政支出はわずかながら増加を続けてきた、それゆえ緊縮財政が景気悪化の理由ではないという『白書』の（暗黙の）主張の妥当性を論じることはやめよう。マクロ経済に対する財政乗数の効果を見るためには、もっと仔細な財政支出の項目の検討が必要だからである。しかしそれでも、図からもわかるように政府支出と公共投資の合計で見ると、90年代後半の一般政府支出はさして増加してはいない（ただ、小渕政権時の98―99年にかけては増加している）。特に公共投資は、96年以降減少傾向にある。とりわけ99年以降は明確に減少している。ということはまた、90年代の後半を通じて財政政策の効果が表れていないという主張にさしたる根拠はないということである。

そこで、『白書』の立場を一応受け入れよう。つまり、90年代を通じて、財政支出に実質上の大きな変動はなく（例外は97―99年であるが）、90年代を通じて、財政乗数効果はあまり大きくなかったということだ。だが、そうすると、96年の橋本政権による景気後退、２０００年以後の森政権、とりわけ小泉政権下での景気後退は、一体、どうして説明できるのだろうか。

ここで一つの重要な論点がむしろ浮かび上がってくる。それは、実際に、構造改革や財政削減がどこまでなされたかということではなく、「構造改革・財政改革」という政策的アナウンスメントが著しい効果を及ぼしているということだ。

橋本政権が、実際に、どれほど構造改革を推し進めたのかは必ずしも明らかではない。ただ、橋本政権によって、構造改革は政策の柱となり、日本経済は、従来の「日本的システム」を打破して、グローバルな市場競争へと転換しなければならない、というメッセージだけは明確に発せられた。また、これは世論の主張でもあった。つまり、世論の後押しを受けた政府によって「構造改革」というムードが作り出され、そのムードのもとに政策が実施されたことは間違いない。

同様なことは小泉政権についてもいえる。小泉政権がどこまで実際に「構造改革」を断行できたかは明らかではない。01年の首相就任以来、2年間で、彼が文字通り断行した「構造改革」はほとんど存在しない。国債発行30兆円枠の公約は破られ、郵政事業の民営化は手付かず。道路公団の民営化も「抵抗勢力」との妥協を強いられている。過剰債務企業の処理というハードランディング方式は、ダイエーの支援という形で大きく修正された。銀行の不良債権処理は、銀行への公的資金投入、国営化方式への世論の強い批判を浴びている。

しかし、それにもかかわらず明らかなことは、小泉首相の「構造改革」を断固断行するというメッセージは経済に大きな影響を与えているということだ。ここでもまた、実際はどうあれ、「構造改革」というムードが作り出され、まさにこのムードが経済の変動をもたらしているのである。

プラシーボ・エコノミー

ここに、現代の経済を動かすきわめて重要なファクターがある。それは「政策」そのものというより、「政策」とその背後にある「世論」を含めた一種の社会的なムードにほかならない。言い換えれば、社会が、「世論」を押し立てることによって、経済についての一定のイメージを描き出す。「遅れた日本型経済システム」、「グローバル化する世界経済」あるいは「大競争の時代」といったイメージである。

90年代以降、この経済イメージの中心に常に「構造改革の必要」という議論があった。そして、このイメージが実際に経済を動かすのである。この中から、経済についての悲観的な自己認識や楽観的な自己認識が出てくる。90年代以来の日本経済の基調は、「構造改革に立ち遅れた日本」「決して変わらない日本」という悲観的な自己認識だった。このペシミスティックでシニックな自己認識もしくは自己暗示が、実際に経済を停滞に陥れている。経済の「プラシーボ効果（自己暗示効果）」といってもよい。現代の経済は、いわば「プラシーボ・エコノミー」となっているのである。

96年には橋本政権の誕生で、規制緩和や財政改革を含む「構造改革」が断行されるというムードが広がった。01年には小泉政権の誕生によって再び「構造改革」断行ムードが広がった。当初は、小泉首相の登場によって株価は上昇し、経済は回復に向かうだろうと期待されたのである。ところが、実際にはその逆であった。株価はますます下落し、経済はいまやデフレ・スパイラルの懸念すら出ている。

要するに、実際のマーケットは「構造改革」に対してネガティブにしか反応していないのである。

一方で「構造改革」が世論の高い支持を受け、「構造改革ムード」が広がれば広がるほど、実際のマーケットは、それを警戒するということである。

考えてみれば、これは当然のことだろう。「構造改革」が断行されれば、財政は緊縮化し、市場競争のもとで、弱体企業は倒産する。それは当然失業を生み出し、消費の低迷をもたらす。このことは企業の将来の期待収益（キャッシュ・フロー）の悪化を招き、他方で、デフレは実質金利を上昇させる。これでは企業は設備投資を控えるほかなく、将来を見越した先行投資はできない。先の見通しが立たない経済において、次々と新たなベンチャー・ビジネスや新部門への投資が生じるはずはない。したがって、当面の景気悪化に対してマーケットが否定的に反応するのは当然である。

とすれば、ここに、「構造改革」がどうして経済を悪化させるのか、といういっそう本質的な理由がある。「構造改革」は、将来の経済状態についての予測や確信を崩壊させることによって、消費者や企業家のマインドを攪乱《かくらん》するのである。それは経済に大いなる不確定性と攪乱要因を持ち込むのである。将来についての不確定性があまりに高くなれば、企業も消費者も現在の経済活動を萎縮させ、組織や生活の防衛に走ることになる。

96年、01年に生じたことは、基本的には、「構造改革」という政策的なアナウンスメントと社会的なムードが、経済に大きな不確定的要因、攪乱要因を持ち込み、消費と投資の心理に悪影響を与えたことだと思われる。

むろん、緊縮財政がその一つの引き金を引いたことは間違いない。しかし、それだけではない。市場経済の中心になるのは、政府の財政ではなく、民間の経済活動である。とりわけ企業の投資が経済の活況においては決定的な役割を果たす。しかし、企業の投資マインドが冷え込んでしまえば、いくら財政拡張を行なっても呼び水効果は期待できない。

このように見てみると、90年代の経済低迷を一括して「10年不況」とくくってしまうのはいくぶん無理がある。不良債権処理の遅れが「10年不況」の原因としてしばしば指摘されるが、ここでも景気と不良債権の因果関係はそれほど単純なものではない。

将来、回収不能となる可能性の高い資産を不良債権に加えれば、これらグレーゾーンにある資産が不良債権化するか否かは、景気動向にかかっているからである。この点では、不良債権という概念そのものがいくぶん曖昧なものであり、不良債権自体が、景気の動向に左右されて動くからである。それは、ただ構造的問題というよりも、景気悪化の結果として発生するという側面を無視できないであろう。

「改革」そのものが経済を悪化させる

私は、いま、「構造改革論」が全面的に誤りだなどといっているわけでもないし、「構造改革」が不必要だといっているわけでもない。それどころか、小泉首相がやろうとしているよりはるかに重要な「構造変革」が必要だと考えている。しかし、そのためにはまずは「思考の転換」が必要である。それはまた後に述べるが、ここで言いたいのは次のことだ。

今日、「構造改革」なるものの内容は必ずしも明確ではない。90年代にもっぱら規制緩和から始まった「構造改革」は、小泉政権の公共事業削減をへて、いまではほとんど銀行の不良債権処理を指すようになってしまっている。デフレ対策と銀行の整理に議論は集中している。「構造改革」という言葉だけが社会的なムードの中で乱舞し、その意味内容は適当にその場その場で政治的な味つけがなされるのである。だが、何を「改革」すべきかは、決して自明なことではないし、「構造改革」そのものについても、いくつかの考え方がありうるのである。

そして、どのような意味で日本経済の転換を果たすべきかを論じようとすれば、そこにはどうしても日本社会の将来像の検討が不可欠となってくるであろう。「構造改革」の課題は、より長期的なビジョンの中で論じられるべきだということが基本原則なのである。とすれば、将来の日本社会のビジョンに基づく「構造改革」と、さしあたっての「景気対策」は区別しておかねばならない。「構造改革なくして景気回復なし」は、異なった二つのことを混同しているといわざるをえない。

ところが、「構造改革論」は、日本経済の根本的な（構造的な）改革が不可欠だと主張する。それは、90年代の「10年不況」は経済の「構造転換」が遅れたために生じたという。

この場合に必要な「構造転換」とは、市場競争を強化する方向への経済構造の転換にほかならない。官僚による保護的、規制的経済政策、財政支出による景気刺激政策、日本的経営慣行、系列や間接金融を軸にした日本型経済システム、こうした「アンシャン・レジーム」を打破することが不可欠だという。

日本経済の構造的転換が不可欠だという議論そのものは間違ってはいない。転換のポイントがどこに置かれるべきかはまた後に論じたいのだが、日本経済が従来のままでよいと考えている者はまずいないだろう。その意味では、今日では誰もが「改革論者」だ。

だが、90年代の「改革論」が見落としたことは、旧来のシステムを打破するという「改革」そのものが経済を混乱に陥れて、結果として経済をいっそう悪化させかねない、という点であった。

倒産、リストラによる失業、不確定性、リスクの増大といった「改革」の産物そのものがマクロ経済の急速な悪化を招き、デフレ圧力を生み出してしまうのである。このデフレ圧力のもとでは、将来の期待や予測が混乱し、不確定性を増大して、経済活動が停滞する。将来への見通しの悪さ、心理的な動揺がまさに今日の経済の状態を悪化させるということだ。これは、実は、ケインズが述べたことであった。そして、まさに90年代の、とりわけ後半の経済は、大筋でそのように推移したのである。

そして、いままた、同じことが繰り返されようとしているのである。改革には「痛み」を伴うという。しかしその「痛み」がどのようなものであるのかイメージしえない以上、事業家の企業精神も消費者マインドも冷え込んでしまうのは当然のことだ。「長期期待」の混乱、つまり見通しが立たないことからくる不確実性こそが、経済にとってもっとも危険な要因なのである。このケインズの主張の核心が、ここへきてまた立証されつつある。90年代後半の経済停滞の大きな要因が、市場中心的な方向への「構造改革」からくる混乱による不確定性の著しい増大、「長期期待」の混乱による投資および消費の停滞にあったという点を無視することはできないし、また無視すべきでもないのである。

第3章　ケインズ理論は無効になったのか

1 「ケインズ理論」の核心

単純な二者択一論の誤り

平成不況の長期化の原因は「構造改革」が遅れたためだといわれている。要するに、行政規制や閉鎖的な日本的経済システムのおかげで経済競争力が低下したということだ。日本経済の生産性の低下こそが経済停滞の原因だというのである。

そこで、生産性を落としている主因である低生産性部門から高生産性部門へ資本と労働を移転する必要がある。こうして、「官」から「民」への資本の移転、低生産性事業の整理、といった「構造改革政策」が出てくる。低生産性部門から競争力ある分野への転換の際には、規制緩和やビジネスチャンスの創出が要請される。端的に言えば、日本経済の停滞は、競争力ある市場活力の発揮に失敗したため、ということだ。

この考え方は、従来のケインズ的な財政政策による景気刺激策と決定的に異なっている。それは、ケインズ政策があくまで需要不足によって不況が生じていると見なすのに対して、「構造改革」は、不況の原因を、供給側（サプライサイド）の強化に失敗したという点に求めるからだ。こうして、「構造改革派」がサプライサイドを重視するのに対して、「景気対策派」はディマンドサイドを重視するということになる。

むろん小泉政権における「構造改革」もその延長上にあって、サプライサイドの強化を目指しているわけであり、問題がサプライサイドにあって、ディマンドサイドではない、と考える限り、ケインズ的景気刺激政策はとらない、ということになる。

しかし、すでに述べたように、マクロ的な指標をざっとながめただけでも、90年代の不況はそれほど明快で単純なものではない。バブル崩壊からストック調整にいたる前半の不況と、それからの一時的回復、そして財政改革や金融自由化という「改革」の中で生じた後半の不況、それに続く、金融システムの安定化や内需拡大政策による一時的回復、というように、10年にわたる長期的な低迷の中でも、かなり事態は変動しているのである。そしてこの低迷の中にあっても、少なくとも二度にわたって財政政策が多少なりとも景気を押し上げたことは無視できまい。

しかし、それにもかかわらず、確かに財政出動の効果は長続きはしなかったことも事実であり、その結果、財政出動は財政負担のみを拡大し、決して景気回復にはつながらないという構造改革論者を活気づけることともなった。実際には、財政拡張のすぐ後には、緊縮財政へと政策転換をしているので、財政出動の効果がない、というのは適切ではない。しかし、それが、かつてのように十分な効果をもたらさないという主張にも一理はある。その結果、財政出動というディマンドサイド政策ではなく、構造改革によるサプライサイドの強化へと考えをシフトさせようという主張が中心を占めるようになった。

サプライサイドが強化され、市場の効率化が進み、企業の競争力がつくことはむろん悪いことではない。したがって、一般論としてサプライサイドの強化政策に特に反対する理由もない。長期的にサプライサイドの構造を強化することは必要なことであろう。

しかし、問題は、90年代の不況に対して、財政出動というディマンドサイド政策が大きな効果を発揮できなかったから、「構造改革」によるサプライサイドに切り替えるという単純な二者択一にある。「構造改革」か「景気刺激」かという二者択一は、言い換えれば「サプライサイド」か「ディマンドサイド」かという二者択一だ。

だが、これは本当は二者択一の問題ではない。長期的に言えばサプライサイドの強化が必要であろう。しかし、短期の景気回復にはディマンドサイドの刺激が課題であろう。経済政策として言えば、この両者を、二つの時間的視点から、適切に組み合わせてゆくほかないであろう。

にもかかわらず、今日、経済政策の考え方は、「財政出動というディマンドサイド」か、それとも「構造改革というサプライサイド」か、という二者択一的へといささか不適切な形で単純化されてしまっている。そもそも、長期的に個々の産業や企業の効率化をはかるというミクロ的なサプライサイド政策と、短期的にマクロの次元で景気を刺激するというディマンドサイド政策は二者択一的に対立するものではないのである。

実際、80年代のレーガノミックスは、しばしば新自由主義政策としてサプライサイドを強化したといわれるが、同時に彼は、大きな赤字をもたらすケインズ的財政政策をも大規模に採用し、巨額の財政赤字を生み出しているのである。

ではどうして、こんな単純な二者択一へと議論が通俗化されてしまったのだろうか。むろんそこには、「テレポリティックス」の中での政治的な議論はことごとく単純化されるという大衆民主主義の法則が働いていたことは間違いない。

しかし、それだけではない。ここには、ケインズ理論をめぐる経済学のあまりの単純化が作用している。その点を説明するためには、ケインズの考え方を使って、現在の日本の長期不況を説明してみるのがわかりやすいだろう。

「構造改革論」が無視したケインズ理論

すでに述べたように、94年から96年へかけての景気回復、そして98年から２０００年への景気回復をもたらす上で財政政策がそれなりの役割を果たしたことは否定しがたい。しかしまた同時に、この景気回復が本格的なものとならなかったことも事実である。

では、どうして本格的な景気回復へとつながらなかったのか。その理由ははっきりしている。財政支出が民間投資や消費支出を十分に誘発できなかったからだ。財政出動が結果として十分な乗数効果を持ちえなかったのだ。とりわけ現在の消費需要の低迷が著しいことをみても、財政拡大が投資の拡大、消費の拡大という乗数プロセスへは転化しなかったのである。

ではどうして、財政支出が十分な投資と消費を喚起できなかったのか。ここに、この10年の不況をどう見るか、もっといえば、現代の日本経済の問題をどこに見るか、という大きなポイントがあるように思われる。それは、見ようによっては、今日の日本経済の直面している問題は、「構造改革」が想定しているよりもはるかに深刻だということを意味している。

そのことはまた後で述べるが、まず平成不況が二度の景気回復に向かいながらもそれが途中で挫折し、かくも長期化した基本的な理由は、ケインズの考えを引き合いに出せば、ひとまずは容易に説明できる。そして、基本的な構図はそこに尽くされている。しかし不思議なことに、「構造改革論」はそれをほぼ完全に無視した上で、ケインズはもはや無効になったと述べたのである。

ここには、ケインズの理解をめぐる大きな対立があった。これは、きわめて重要なポイントである。「構造改革論」はケインズ理論をもはや時代遅れだとみなすが、その理由は、ケインズ政策では、短期的に景気を回復させても、長期的には財政赤字により消費を低迷させ、利子率の上昇によって企業の投資を抑えるからだ。さらにいえば、グローバル化し、民間企業が政策主体よりも多くの情報を持つようになった今日の市場経済においては、合理的に行動する経済主体は、ケインズ主義の短期的で一時的な効果にはもはやだまされなくなってしまったということであろう。こうして、政府支出によって有効需要を創出するというケインズのディマンドサイド政策は、もはや有効ではなくなったという。

しかし、この議論は、あるタイプのケインズ主義理解に基づいていることに注意しなければならない。ここでは、ケインズ主義とは、短期的な視点に基づいた、政府による需要創出政策と理解されている。これは、戦後アメリカ経済学の中で定式化され、ＩＳ－ＬＭ分析として図式化されたアメリカ・ケインジアンの、いささか単純化されたケインズ理解である。

マクロ経済学のもっとも初歩的なものを開けば、まずたいてい、有効需要の理論が出てくる。そこでは、価格が変動しない短期の経済では、多くの場合、消費需要と投資からなる有効需要は、完全雇用を満たすだけの生産をもたらすのには十分ではないとされる。つまり生産能力に対して有効需要が不足し、ここにデフレ・ギャップが生じる。この場合には、政府が財政出動によって有効需要の不足分を補えばよい。こうして、不況時の財政政策が基礎づけられる。

これが、アメリカ経済学のもっとも初歩的なマクロ理論であり、もっとも基本的なケインズ理論である。

しかし、財政政策によって有効需要を創出するというのは、ケインズ理論の一つの重要な帰結ではあるが、決して彼の理論の核心ではない。ケインズの真意はもう少し違うところにあった。そのことを理解しなければ、ケインズのディマンドサイド政策を理解することはできない。

財政政策が必要とされる前に、そもそもどうして長期的な経済停滞が生じるのか、ひとたびこの罠にはまってしまえば、どうしてそこから脱出することが困難なのか。この点をどう理解するかにケインズ理論の重要なポイントがある。

リスクを引き受ける事業家のアニマル・スピリット

どうして経済の長期的停滞は生じるのか。ケインズは、それを潜在的な供給能力に対して有効需要が不足するからだと考え、その主因を企業の投資不足にあるとみなした。ではどうして投資は不足するのか。一つの理由は、投資機会が限られているため、資金調達コストを上回る十分な将来収益（ネット・キャッシュ・フロー）が期待できないからだ。そうした事態が生じる理由の一つは、期待収益に比して資金コストである利子率が高すぎる、もしくは十分な資金調達ができない（たとえば「貸し渋り」）からだ。だから、『貨幣論』においてもそうだが、ケインズは、利子率を可能な限り低くする政策（ゼロ金利政策！）を支持するのである。

確かに、企業に資金が十分に回らなければ投資が生まれない。だから、銀行の不良債権問題をまずは解決し、貸し渋りや貸しはがしをなくそうという議論が出てくる。あるいは、規制緩和によってビジネスチャンスを生み出し、高収益産業を創出せよ、また利子率を下げ、いっそうの金融緩和を行なえというわけだ。利子率操作に限界がくれば、「量的緩和」だということになる。「構造改革」の主張でもある。

ところが、そこまで金融緩和を行なっても依然として不況から脱出できない。どうしてか。それは、これが投資についての事態の半分にすぎないからである。投資不足についてケインズはもうひとつの理由をあげ、そのことこそが決定的だとみなしていた。それは、投資をしようとする事業家的精神の衰弱ということである。

ケインズはそれを企業家の「アニマル・スピリット」と呼んでいるが、シュンペーターのように「企業家精神（アントレプリニアーシップ）」と呼んでもよかろう。将来のリスクを引き受けつつ新たな事業計画を立て、技術開発を行ない、市場を開拓し、積極果敢に投資を敢行する精神である。このリスクを引き受ける事業家の「アニマル・スピリット」がなければ、資本主義の展開はありえない。新たな機会を求める企業家の投資こそが経済を成長させるのである。

大雑把に言えば、企業の投資を決定するものは、一方で、利子率や株式市場の状況、銀行との関係といった資金調達コストであり、他方では、将来の収益を期待して事業を開拓しようとする「企業家精神」である。そしてケインズは後者のほうが重要だと考えていた。

「企業家精神」は「アニマル・スピリット」と呼ばれるように、企業家の「決断」である。しかし、ある程度の計算が成り立たなければ、いかなる企業家もリスクを引き受けることはできない。

シュンペーターのいう「創造的破壊」は、まさに不確定な未来に向かって新たに市場を生み出し、新たな技術を開発するものだ。しかし、「創造的破壊」が、何の見通しも計算も度外視して簡単に実行できるわけはない。現代の企業家は、いくらアニマル・スピリットを持っていても、当然ながら将来の収益や利益計算をするものである。

そこで、投資が行なわれるには、リスクがなければならないが、また、同時に、それはある程度の計算可能性のもとに置かれなければならない。そこで、ある程度計算に組み込まれうる不確実性を改めて「リスク」と呼び、計算不可能な不確実性を「アンサーテンティ(uncertainty)」と呼んでおこう。すると、企業家は、一定の範囲内で「リスク」は引き受ける。むしろ「リスク」が存在することこそが、他企業に先行して利潤をつかむための先行投資を可能とするのである。しかし、同じ不確実性でも、見通しの立たない「アンサーテンティ」が増大すると、企業は投資意欲そのものを失うことになる。

ケインズは、投資は、長期にわたる経済や社会の状況、場合によっては政治や自然現象まで含めた社会についての見通しに依存するとし、この見通しを「長期期待」と呼んだ。「長期期待」こそは、現在の企業化の投資を決定する上で、きわめて重要なファクターとなるのである。

「確信（コンフィデンス）」の低下

ところが、ここでいう「長期期待」こそ、予測不可能な「アンサーテンティ」の影響をきわめて強く受ける。「長期期待」が安定しており、比較的見通しがよい場合には投資はスムーズに行なわれる。これは言い換えれば「アンサーテンティ」が比較的小さいわけである。この時、企業家は、将来についてある程度「確信（コンフィデンス）」が持てる。

しかし、将来の見通しが立たず「アンサーテンティ」が増大すれば、「長期期待」の状態は悪化して投資は減退する。将来の経済状態についての「確信」が低下するのである。そしてひとたび投資が減退すれば、有効需要は低下し景気は悪化する。景気の悪化は、一般的には将来の見通しをさらに悪化させ、消費の落ち込みは企業の市場状況の見通しをさらに悪化するから「長期期待」はますますマイナス方向に作用し、経済は悪循環的に停滞のプロセスに入ってしまう。

ひとたびこのようなプロセスに入り込んで「長期期待」の水準が低下してしまえば、いかに利子率を低くして金融緩和を行なっても景気回復は困難となる。なぜなら、「長期期待」が確かな形で形成できない場合には、過剰に供給された流動性は、長期の投資ではなく、金融市場で短期の取引に向かうだろうからだ。

こうして、将来の「長期期待」がうまく形成されず、将来の「確信」が失われている時に、金融緩和によってマネーサプライを増加しても、それは、長期的な設備投資や研究開発には向かわず、金融市場で短期的な投機的利益を求めることになる。この時、金融市場では、あるいはバブルが発生し、経済の金融的側面は一見したところ好調に見える。しかし、実物経済への投資はきわめて弱体で、やがて、これは金融経済でのバブルの崩壊をもたらすだろう。こうして、経済全体が不安定化する。こうなると、ますます「長期的な期待」についての「確信」が持てなくなるであろう。

ここにケインズ理論のきわめて重要なポイントがある。「長期期待」がうまく形成されず、「確信」の水準が低下すれば、企業は、あるいは一般に投資家は、企業の長期的事業には投資せず、もっぱら株式市場等における短期的な利得を求めて投機的に資金を運用するだろうというのだ。それは時には株式市場でバブルを引き起こすが、また、金融市場が世界的につながっていれば、資金は短期的利得を求めて海外にも流出するであろう。

だから、金融自由化や金融市場の効率化は、本来、ある国の経済の活性化を目指して行なわれるのだが、実際には、「長期期待」に関する「アンサーテンティ」が大きい状態では、むしろ、ますます企業の長期的な投資を減退させ、経済を逆に停滞させる要因にもなりうる。こうした、経済理論からは予期できないことが実際にも生じる。90年代の後半にアジア経済市場で生じたことも、その一例であった。

かくて、生産や雇用という実体レベルでの経済が不況でありながら、むしろその結果、株式市場ではバブル化するという事態が生じる。今日のグローバル経済のもとでは、短期資本はむしろ、グローバル投資戦略によって世界的な金融市場へと流出してゆくだろう。こうなれば、ひとたび不況に陥った国が、将来への「確信」を失えば、不況はますます深刻化する。しかもそれは、金融の量的緩和などという政策では解決しえない課題なのである。

持ち込まれたアンサーテンティ

これがケインズの不況論のポイントだ。そして、この考えは決してまだ無効になったわけではない。それどころか、むしろこの10年に日本で生じたことを基本的に説明しているとさえいえよう。

端的にいえば、90年代半ばからの「構造改革」路線は、経済の将来像に対して大きな「アンサーテンティ」を持ち込んだのである。従来の「日本的経済システム」が崩壊するという「構造改革」の「世論」が、経済の将来計算の中に大きな「アンサーテンティ」を持ち込んだ。それは結果として企業家の「長期期待」を著しく低下させた。また金融自由化の断行や、世界的規模の金融市場の活性化は、むしろ、資本を、企業の長期的投資から短期の金融的利得へと向けることとなった。こうしてケインズのいう長期停滞の罠にはまってしまったのである。

ここで描き出したケインズの見方は、アメリカ経済学の教科書の中で出てくる有効需要の理論とは大きく異なったものだ。上の簡単な説明からしても、ケインズ理論が短期的なものであり、ただ財政政策を唱えたものであるという理解がいかに浅薄なものであるかは明らかだろう。

ケインズ理論の核心は、短期であるどころか、長期的なものである。長期の経済の動揺がいかに現在の経済を崩壊させてしまうかという点にあった。長期の安定した枠組みが崩れた時、長期の実物経済から短期の金融経済へと投資家の関心が移り変わってしまう。ここにこそ経済停滞の最大の理由がある。経済活動の「長期」と「短期」、そして、「実物経済」と「金融経済」のバランスが崩れてしまうのである。ところが、「構造改革」や金融を中心とした市場競争化こそは、このバランスを崩すものだった。

さらにいえば、「アメリカ型経済」は、長期的な組織の安定よりも、短期の利益を重視し、90年代の金融・情報へのシフトの中で、製造業への投資から得られる安定的な利益よりも、金融市場でのヘッジファンドなどに対する投資による短期的な利得を重視したのであった。まさにそれは、ケインズからすれば、経済を不安定化する構造である。それでも、「IT革命」という神話で、将来の期待が確保されている間はよいが、その「神話」が崩壊すれば、将来の展望を失った経済は停滞に陥る可能性が高い。その意味では、あくまで長期の視点から経済の長期と短期を結びつけようとしたケインズの視点は、まだ決して有効性を失っていない。

また、ケインズは、無条件に政府の需要管理を唱えたわけではない。もっと重要なことは、市場の長期的な不確実性を減少することで、民間企業のアニマル・スピリットを発揮できる条件を生み出すことであった。同様に、金融への投機が、経済を短期的な視野のもとに置いてしまい、非生産的な方向へ資本を導くことを彼は憂慮した。だから、彼は金融の自由化には慎重だったのである。

このように、ケインズ理論の中心的な論点は、決して、財政政策による短期的な有効需要の創出というものではない。むろん、財政政策による需要管理もケインズ理論の重要な帰結であることは疑いないが、それのみがケインズ理論でもなければ、その核心でもないのである。にもかかわらず、それをマクロ理論の主軸に置いたアメリカ・ケインジアンのケインズ理解はあまりに一面的というほかない。そして、「構造改革」論が攻撃するのは、あくまでこのアメリカ・ケインジアンであって、ここで述べたケインズ理論の核心ではないのである。

2 「経済財政白書」の詐術

「セイの法則」を前提とした市場経済論

では、それにもかかわらず、「構造改革」がケインズ主義的な景気対策を否定するのはどうしてだろうか。「構造改革」が従来の景気刺激政策を否定するのは、今日の経済の失調の基本的な原因がサプライサイド（供給側）にある、と考えているからだ。逆にいえば、ディマンドサイド（需要側）には特に問題はないということである。

こう考えるには一つの前提がある。企業や産業が十分な競争力を持って十分な所得を生み出せば、それは着実に消費に回り、過剰生産は生じないという前提だ。古典派経済学が前提としていた「セイの法則」の焼き直しであり、ここでは生産されたものはすべて売れるとみなされている。

確かに、合理的な個人を想定して、将来の見通しのよい経済において、人々が先のことまで見通して行動すれば、彼らは基本的に貯蓄をする必要はない。あるいは、貯蓄をしても、少し長いタイムスパンをとれば、生涯を通じて、所得はすべて消費に回される。また、企業も将来の不確実性がなければ、消費需要の予測に即して生産計画を立てるから、生産過剰ということもありえない。企業の投資が不足すれば、金利が低下して、資金市場で、貯蓄と投資のバランスが回復する。

要するに、おおよそ完全情報であって、不確実性が存在しない状態で人々が合理的に行動する、こうした世界を想定すれば、「セイの法則」は成立し、需要側には問題はなくなるだろう。価格が適切に変動し、将来の見通しが立ちやすい合理的な世界では、そもそも供給（生産）に対して需要が不足するなどということはありえず、経済活動の水準が低下しているとすれば、それはひとえに生産能力が落ちているからにほかならない。これが古典派の市場経済論が想定する世界だ。そして、「構造改革論」の市場主義もおおよそこの世界を想定している。

では生産能力はどうして低下しているのか。それは、第一に、生産性の高い産業に十分な資源が配分されず、生産性の低い部門に配分されているからである。要するに、資源配分が経済原則に従っていないために、経済全体の効率が下がっているのである。

また第二に、規制や行政指導、日本的な閉鎖的経済システムのせいで、新規のビジネスや事業展開ができない。ここでも消費者の潜在的な需要は存在するのだが、行政や日本的システムのおかげで、その需要を満たすだけの供給が阻害されている。こう考えるのである。

そうだとすれば、重要なことは、需要を刺激することではなく、生産性の低い部門から高い部門へ資源を移動し、規制緩和や行政指導を排して、ベンチャー・ビジネスや新たな事業の機会を提供することだ。これが「構造改革」の論理だ。

長期的に見て、サプライサイドを強化すること自体は、別に悪いことではない。経済全体の効率化をはかるために、産業構造の転換をはかることは、とりわけこのポスト工業化の時代には必要なことで、ビジネスチャンスを拡大することも必要なことだ。

もっとも、その場合には、古くからの問題、すなわち、市場の「効率」と社会の「公正」や「安定」をどのように両立させるか、といった問題に突き当たることも忘れてはならない。ただやみくもに、効率化をはかればよいというものではない。

にもかかわらず、政府が「構造改革なくして経済回復なし」として待ったなしの構造改革を断行しようとしている背景には、まさにサプライサイドを強化しなければ、景気回復が望めないという認識がある。つまり、現在の景気の低迷は、ディマンドサイド（需要の不足）ではない、ということだ。

この点は、最新の平成14年版『経済財政白書』でも強調されているが、よりいっそう明確に述べているのは、平成13年版の『白書』である。そこで少し、この『白書』を見ておこう。

GDPギャップをめぐる『白書』の認識

需要側に問題はないという政府の見解を論証するものは、需給ギャップの拡大はないという『白書』の分析である。

いうまでもなく、一国の経済活動の水準は、一方で、資本ストックや労働力のような生産要素の投入量と、それを結合する技術や組織といった生産能力によって規定される。

しかしもう一方では、経済活動は、生産物を購入する能力、すなわち有効需要によっても規定される。前者が供給側の要因（サプライサイド）であり、後者が需要側の要因（ディマンドサイド）だ。

もしも、需要が十分にあり、経済活動の水準が供給側の能力によって制約を受けているのだとすれば、当然ながら、供給側の能力を高めることが必要になる。この場合には、いわゆる需給ギャップは開いていない。ただし、通常、この状態にあればほぼ完全雇用となるのが正常な姿であろう。

では、今日、需給ギャップは開いていないものの、戦後最悪の失業率を経験しているのはどうしてか。それは雇用のミスマッチが生じているからだ。つまり、失業は産業構造の歪みによる「構造的」問題だ、というのが、政府見解なのである。

この点を平成13年版『経済財政白書』は明瞭に主張している。まずここでは、GDPギャップ（いわゆる需給ギャップ）は、確かに98年以降悪化しているが、それはさして深刻なものではない、とされる。「白書」の推定では、GDPギャップは、01年時点でGDPの約3％であって、これは97—98年水準に匹敵するのだが、「しかし、長期に低成長が続いている割には、過去10年の間にGDPギャップは大きく拡大していない」という。確かにGDPギャップはあるが、このギャップ（かつてはデフレギャップと呼ばれたもの）は、この平成不況の10年をとってみれば、決して問題となるほど拡大はしていない、というのである。

しかし、この言い方を文字通り受け取ることはできるだろうか。まず問題は、計測の方法だ。ここではＧＤＰギャップとは、「潜在的な成長率」と「現実の成長率」の間のギャップとして定義されている。その場合、「潜在的成長率」とは、資本投入と労働投入の増加、そして要素全体の生産性の増加によって計測される。その上で、資本ストックの過剰感がほぼ解消された場合の資本ストックの稼働率、雇用のミスマッチ部分を別として景気変動による失業を取り除いた労働供給をもとに推定がなされている。

要するに、「潜在的成長率」とは、現在の構造的な条件のもとでの潜在的な生産能力をフルに活用した場合の供給能力、一方、「現実の成長率」とは、もっぱら有効需要によって決まってくるＧＤＰの増加率とみているのであり、端的にいえば、「潜在的成長率」が供給側（サプライサイド）を示し、「現実の成長率」が主として需要側（ディマンドサイド）を示すものといってよい。

したがって、この両者の間のギャップがかなり大きければ、需要不足のために現有の生産能力を活用しきれていないことになる。一方、このギャップがさして大きなものでなければ、成長の能力を高めるには供給側を強化する必要があるということになる。そして、『白書』の説明は、ＧＤＰギャップはさして大きなものではないので、供給側の「構造改革」が必要だというのだ。

成長率と生産性

しかし、「潜在的成長率」とは実際には何であろうか。潜在的成長率を計測する資本ストックは、現有の資本ストックを最大限稼働した状態を想定している。しかし、この10年間で資本ストック調整が続き、バブル時の過剰資本が破棄されている状態では、資本ストックの投入量は実際上、過小評価されていることになる。ここで過小評価という意味は、80年代の資本ストックの増加を趨勢《すうせい》的に保ってゆくような経済成長がありえたならば、その状態で想定される資本ストックに対して過小評価されている、という意味である。

それがいささか言いすぎだとしても、ここで言いたいことは次のことだ。「潜在成長率」の計測の中に、すでに「現実の成長率」が間接的に織り込まれてしまうということである。というのも、バブル崩壊以降のストック調整が続けば、各時点での現存の資本ストックをもとに推定された「潜在成長率」は当然、年々、低くなってしまうからである。

しかも、「潜在成長率」を決定するもうひとつのファクターである生産性とは何かといえば、あくまで現実の成長率と資本、労働投入の残余として定義されているのである。理論上は、生産性が高まれば経済成長が高まることになっている。しかし、実際の計測では、ＧＤＰを労働投入量で割ることで生産性を計測する。これでは、現実の成長率が低下すれば、生産性はほぼ確実に低下することになる。現実の成長率やＧＤＰは需要側の要因にも左右されるし、資本ストックや在庫の傾向的な動向にも左右されるだろう。

だから、何らかの要因で（つまりサプライサイドの不備のため）に生産性が低下し、その結果、成長率が低下するというよりも、別の要因（たとえば需要の減退や投資の低下）で成長率が低下しているために生産性が低下していることも十分考えられる。

したがって、この生産性の低下は、実際の日本経済の持っている技術力や労働能力、組織化能力の潜在的水準とは基本的には無関係といってよい。実際、日本企業の持っている技術水準や労働者の勤労精神がたかだか数年の間に、急速に低落するとは考えにくいが、にもかかわらず、統計的に推計すれば「生産性」は急激に低下しているということは十分にありうるのだ。これは「生産性」が、あくまで現実の成長率を基準にして、要素投入の寄与との残余として計測されているからにほかならない。

日本経済が抱え込んだ生産能力の過剰

だが、そうだとすればどうなるのだろうか。もしも、バブル崩壊後の「現実の成長率」の低下が、仮に有効需要の不足（投資の停滞、消費の低迷など）によって引き起こされていたとすれば（そしてこの要因は全く無視はできないであろう）、この場合の「潜在成長率」そのものが、有効需要の不足という現実の需要側のファクターに影響されていることになる。要するに、「潜在成長率」なるものが、すでに「現実の成長率」に影響されており、そこで、もし「現実の成長率」が需要側の要因によって低下したのだとすれば、「潜在成長率」そのものが、有効需要の低下を反映して過小評価されてしまうのである。少なくとも、こうした可能性を排除することはできないであろう。

そうだとすると、「潜在成長率」と「現実の成長率」の間にさして大きなＧＤＰギャップが存在しないからといって、問題は需要側ではなく供給側だという結論を導くのはいささか強引過ぎる。少し悪意を持って言えば、作為的か無作為的かは別としても、課題は供給側にあるという「構造改革」の結論を取り付けるための便法といえなくもない。

『白書』の推計によると、今日の日本経済の「潜在成長力」は１％程度とされているが、いくら景気低迷と不良債権に苦しむ日本経済であっても、これだけの技術水準や勤勉な労働力を持っている日本経済の潜在的な生産能力がせいぜい１％成長しか実現できないというのは、いささか過小評価にすぎるであろう。

言い換えれば「構造改革」を進めない限り、需要要因とかかわりなく、１％成長が限界だということである。需要をいくら増やしても、生産能力からすると１％成長が限界だというのである。しかし、それもこれも、そもそも「潜在成長率」の観念の中に、「現実の成長率」が間接的に投影されてしまうとすれば、決して不思議なことではない。そして同時に、さして意味のある見解ともいえないであろう。

こう考えてみれば、『白書』の推計する「潜在成長率」はあまりに過小評価されており、その結果、ＧＤＰギャップもあまりに過小評価されていると見てよいだろう。

少し極論すれば、バブルのピークの89年あたりの資本ストックをそのまま維持するような成長が潜在的に可能だったとすれば、こうして計測された潜在成長率と現実のそれとのギャップはおそらく大変なものになるだろう。

仮に『白書』の計測に従っても、89年の潜在成長率は約5%であり(現実の成長率は約7%)、もしも、5%近い成長をこの時点での潜在能力だとみなして、この能力がその後もフルに利用されたとすれば(したがって、「需要」はいつでも供給についてくるとすれば)、この10年間で累積的に失われた生産能力(供給能力)は多大なものとなる。GDPギャップはとても3%や4%などではありえず、膨大なものとなっているはずである。つまりバブルのピークから累積すれば、巨額な富と資本ストックを失ったことになるのである。

こういうと、それはバブルがいつまでも続くという前提に立った非現実的な極論だという批判が出るであろう。そのとおりである。このようなことはありえないし、現にありえなかった。だがどうしてありえなかったのか。端的に言えば、90年代に入っても5%前後を維持するだけの需要がなかったからである。もしも「需要」は問題ではなかったというのであれば、91年になって「潜在成長率」が急に低下する理由は説明がつかない。生産能力や技術水準が急に低下するとはみなしがたいからである。

さて、私は、こうした議論を、「構造改革論」を批判するためにわざとしているわけではない。「構造改革」によって産業構造の転換をはかり、ある種のビジネスチャンスを生み出すことは必要なことである。しかし、それは長期的な観点から、社会的条件と見合わせながら論じるべき問題である。もしも、GDPギャップが『白書』の主張する以上に開いておれば、サプライサイドをいくら強化しても仕方がないのであって、問題は「需要」を生み出すのが先決ということになろう。そしてそのためには財政拡張的な公共投資が不可欠だ、という結論を引き出すことも容易である。

財政政策がどの程度有効であるかは、政策の内容による。乗数効果が果たしてどのくらいか、どれだけの需要創出効果があるかは、いかなる部門へ公的資金を投与するかに依存する。これはこれで、また議論を要する事柄だ。しかし、GDPギャップが開いていない、それゆえディマンドサイドに不足はない、という議論から出発してしまえば、そもそもの公共資金の効果的な使用という議論さえもあらかじめ排除されてしまうことになる。ここにどうしても、『白書』が「構造改革」を誘導するための議論を展開していると考えたくなる理由がある。

しかし、私が気になっているのは、実はもう少し別のことなのである。それはどういうことか。90年代を通じて、実際には『白書』が述べるよりはるかに巨大なGDPギャップが拡大しているとすれば、そのギャップを埋めるには、巨額の公共投資が必要とされたということだ。言い換えれば、80年代の生産能力に見合った成長を現実に実現しようとすれば、巨額の公共投資によって絶えず需要創出を行なわなければならなかった。そしてそのような「公共部門」による支出を削減するとすれば、否応なく成長率を低下させなければならない。つまり資本ストックや労働力という生産能力の「過剰」

を処理しなければならない、ということだ。

このことが意味しているのは、90年代の経済低迷は、ただバブルの後始末とかバブル崩壊による不良債権のためというより、はるかに長期的で重要な意味を持っているということである。消費や民間投資といった民間需要によっては、現代の日本経済はもはやその生産能力を維持することはできなくなってしまったということにほかならない。その需要不足を補うだけの公共投資が不可能だとすれば、われわれはいまや、「成長」という考え方を根底から改めなければならないことになる。すなわち、従来の経済の思考からすれば、われわれの経済は本質的に長期的な停滞へと向かいつつあるということだ。しかもそれは、ただサプライサイドの強化によって解決できるというような問題ではない。実は、ここにこそ、真の「改革」が必要とされる理由もある。だが、この点はまた、後に述べよう。

3　ケインズ主義の再評価

ケインズに向けられた二つの批判

あらゆる知的営みがそうであるように、経済学にも流行がある。その意味でも、経済学は決して客観的な科学ではない。中でも浮き沈みの顕著なのが、これまでも述べてきたケインズ経済学だ。１９３６年に『一般理論』が登場してしばらくは、むしろ冷淡で異端的な扱いであった。それが戦後の冷戦体制の中で、自由世界の経済安定を達成するための標準的政策とみなされるや、「ニュー・エコノミックス」などと称され、さっそうと経済学の表舞台を飾るようになった。

とりわけアメリカでは、60年代のケネディ政権の誕生とともに、ケインズ派の経済学者が政策ブレーンに登用されるにつれて、ケインズ主義は現代経済の理解に不可欠な知的財産となった。60年代には、経済学といえば、端的に、アメリカ流のケインズ経済学（サムエルソンのいう「新古典派総合」）を指すものだと理解されていたのである。

ところが、70年代のアメリカ経済の混乱と衰退をへて、80年代に入りレーガン大統領が登場するに及んで、ケインズ経済学の神通力は急速に低下する。すでに60年代から、マネタリストと呼ばれる、フリードマンの薫陶《くんとう》を得たシカゴ学派の経済学者たちはケインズ批判を展開していたのであったが、70年代以降、合理的期待形成仮説などを伴った反ケインズ主義の嵐がアメリカ経済学会を瞬《また》く間に席巻した。

また、ハイエクは、戦後すぐに、資本主義国におけるケインズ政策や福祉政策を批判していたが、そのハイエクが、80年代には、イギリスのサッチャー首相などの後押しもあっていきなり「復活」した。今日においてもまだ、このケインズ批判の潮流が経済学の中心をなしている。戦後の、とりわけ60年代のケインズ主義全盛の時代からすれば、この威信の低下は隔世の感を覚えるほどだ。

では、ケインズ主義に対する批判とはどういうものだろうか。シカゴ学派の経済学者たちの「合理的期待形成理論」などという抽象理論を別にしていえば、一般的な意味でのケインズ主義批判は次のようなものだった。

まず第一に、ケインズ主義は財政赤字を拡大し、結果として経済状況を悪化させる。しかも、財政政策は、政治と経済を癒着させ、民主主義を利益誘導政治へと堕落させる。そして第二に、80年代以降、急速に展開しているグローバル経済のもとではケインズ主義は有効性を失う。なぜなら、ケインズ主義はあくまで、一国経済の枠組みの中で理論化されたものだからだ。

この二つの批判は、経済学上の理論をめぐるものではなかったが、むしろそのゆえにケインズ主義の破産を一般に向けて印象づけるものであった。それに事実、80年代のアメリカでは財政赤字が重大な政策課題となり、またグローバル化の中で製造業の産業空洞化問題が生じていたのである。

前者の批判は、ケインズ主義そのものに対する批判というよりも、民主主義とケインズ主義の関係をめぐるものであり、実際上の政策運営と政治をめぐる問題である。ケインズ主義は、この大衆化された民主主義の政治システムのもとではうまく機能しない、というのである。

確かに、ケインズその人が大蔵省の顧問であったように、ケインズ政策は、強い公共心を持ったエリート官僚の適切な判断力と強い権限を前提にしている。すなわち、財政上の予算編成権を持ち、経済政策を遂行する官僚の政治的力量とその中立性に多くを期待している。官僚がしっかりしていなければケインズ政策は放漫財政になり、また利権政治に飲み込まれかねないのである。

民主主義が大衆化し、官僚と政治家が癒着すれば、ケインズ政策は、利権がらみの予算のばら撒きになりかねない。その意味でのケインズ主義批判は、したがって、ケインズの考え方そのものというよりも、官僚批判といってもよいし、「政」と「官」の癒着が生み出した利権構造的な民主政治への批判といってもよいだろう。概して、シカゴ学派を中心とするアメリカの主流の経済学者たちは、民主的な政治による集団的な意思決定よりも、個人の自由から出発する市場経済を好んでいたといえよう。

だから、第一の批判は、いくぶん政治的なものであり、利権的民主主義への批判であった。それに比べると、グローバル経済の中でケインズ主義が無効となるという批判は、いっそう原理的で強力なものである。

グローバル経済は、従来の貿易による経済の相互依存だけではなく、国際的な資本の自由な移動、海外直接投資、そして情報や技術の世界的な規模での移動や移転を可能とする。こうした経済においては、国家による一国単位の経済運営はきわめて困難となってゆく。グローバル経済の中でできることは、せいぜい市場を自由化し流動化することぐらいである、という考えがここから出てくる。財政政策だけではなく、金融政策も含めて一国を単位とした政策はもはや十分な効力を期待できない、ということになろう。この背後には、また、「官」への不信感と「民」の自由な経済活動への期待があるといってよい。「官」から「民」へのパワーシフト、これがケインズ主義無効論を支えているのである。

経済を「誘導」するのが政府の責任

だが、ケインズ自身は一体何を考えていたのだろうか。そのことはあまり正確には論じられていない。そもそも、不況時には主として財政政策を行ない、財政赤字をいとわず景気刺激を行ない、景気回復後の税収増加によって財政を健全化する。また、景気の過熱に対しては金融引き締めをするというういわゆるケインズ主義政策をケインズ理論と同一視したのは、あくまで戦後のアメリカ経済学であった。

日本は、アメリカからこのケインズ経済学の考え方を導入したわけだが、その結果、ケインズ主義を、ほとんど、財政、金融政策による景気刺激策と同一視してしまった。すなわちアメリカ・ケインジアンの立場である。しかし、これがケインズの考えのあくまで一つの側面であり、一つの解釈である点は前にも述べたとおりである。

経済学者たちが概して無視してきたものは、ケインズの経済・社会についてのヴィジョンであった。教科書にあるような、ＩＳ－ＬＭ型の有効需要の理論によって全く無視されてしまっているものは、経済と社会を見る場合のケインズの見方なのだ。そして、この見方において、ケインズは、市場主義者とは大きく異なっていたのである。

ケインズその人の考えの中心は、あくまで、将来の期待や予測によって企業の投資は決定される、したがって、経済を停滞に陥れるものは、企業の期待を不透明にする将来の不確実性にあるという点にあった。このことは改めて繰り返しておきたい。

しかし、そうだとすると、経済を悪化させるものは、投資や消費の低迷であり、これは将来の経済や社会生活について確かな見通しが持てないということを意味している。言い換えれば、景気回復をはかるためには、将来の見通しを明確にし、経済や社会生活の基盤を安定したものとしなければならない。

90年代の「改革論」の中で、長期的雇用やケイレツやグループのような取引慣行が「日本型システム」の特質とされ、それらは閉鎖的で日本に特殊なものだとみなされてきた。だが、他面で、それらはまさに、人々の社会生活や生計の長期的な安定を確保することで、経済の先行き見通しを確かなものとする装置であった。「日本型システム」とは、確かに、人的な流動性や環境の変化に対応する組織の柔軟性には欠けるが、逆に粘着性を生み出すことで、社会的な安定と計算可能性を高める。この社会的土台の安定のもとで企業は長期的な投資収益を計算できたのである。

とすれば、結局、投資を引き出すには、将来の状況に対して企業家の「確信（コンフィデンス）」を生み出すべく、将来の社会像を描き、社会の安定性を確保してゆく以外にない。そしてそれこそが、政府の仕事（アジェンダ）なのである。

現在、政府は、このアジェンダを放棄して、「官」の権限を可能な限り縮小し、「公」の資金を可能な限り「民」へ回し、社会の方向を「市場」へ委ねようとしている。

だが市場は決して将来の社会像を描き出しはしない。すべてを市場に委ねれば、「民活」によって経済が回復するというのは、あまりに市場を過信した考え方であって、実際には、「民活」は市場の内部から自動的に出てくるものではない。社会の将来の方向やおおよその青写真があって、はじめて市場は「民活」を生み出すことができる。

そうだとすれば、将来の社会の方向を市場に委ねてしまうのは、政治の責任放棄にすぎないというべきであろう。

むろん、政治が将来の社会のあり方を決定すべきだといっているわけではないし、社会主義的な計画の復活を支持しようというわけではない。そんなことは現代では不可能だ。自由社会では、いかに強力な政府といえども、社会の方向を全面的に決定することはできない。

しかし、一定の社会像、国家像のもとに指針を与え、民間資本を誘導することはできる。「計画」ではなく、「誘導」である。政府の中心的な仕事は、経済を「管理」することではなく、経済に指針を与えてその方向を「誘導」することである。これは今日の政府の重要なアジェンダであって、社会主義の計画経済とは全く異なったものなのである。政府による経済の「誘導」と、政府による「計画」とは全く異なったことだ。

経済次元と社会次元の新たな均衡

ケインズは、必ずしも明確に論じているわけではないものの、経済の持続的な成長に対しては社会的な安定がきわめて重要であることをよく理解していた。将来についての「確信」を持つことができ、社会がある程度安定していなければ、経済発展などありえない、というのがケインズの経済・社会観なのである。

ケインズ理論においては、貨幣賃金の硬直性が仮定され、また物価の変動が考慮されていないとしばしば指摘される。しかし、これも、ケインズにあってはただ理論上の便宜的な仮定というようなものではなく、それ自体が望ましいことであり、また現代社会の条件の一つであるとさえ考えていたものと思われる。

そもそも20世紀の経済では、国民の多数がサラリーマンや勤労者として企業で雇われ、特別の財産も相続資産もなく、企業からの給料で生計を立てていかなければならない。こうした社会では貨幣賃金の安定性と物価の安定、そして雇用の確保は、ほとんど社会が成り立つための必須の条件であった。賃金も物価も雇用もただ経済的概念であるだけではなく、社会的な概念でもあるからだ。それは市場という経済的次元だけで決定されるものではなく、経済的次元と社会的次元のいわばバランスとして決定されるのである。

そして、ケインズ政策が戦後の先進国において決定的に重要とみなされた理由は、ケインズ政策によって、市場の持つ不安定性を回避でき、賃金や雇用の安定性を確保できると期待されたからである。物価の安定と雇用の確保こそは、20世紀社会の要請なのである。

ところが、この両者を自由な市場経済において達成することは不可能である。雇用を確保しようとすれば、市場価格は変動せざるをえないからだ。だから、ケインズは、この両者の安定を達成するために政府を持ち出した。自由競争を放棄したのである。

先にも述べたように、いわゆる日本的な年功序列型賃金や長期雇用慣行という「日本型システム」なるものの特質といわれた賃金、雇用体系は、経済的次元に限定すれば市場競争の論理には反するが、社会的安定性との均衡と見なせば十分に納得のゆくものでもあった。

それは、ケインズ主義とはまた違った形で、20世紀のサラリーマン社会にあって、人々の生活を安定させる装置であった。そのことによって、社会構造を安定させ、将来へ向けた長期的な期待を生み出すのである。「日本型システム」とは、必ずしも、市場経済の効率性や合理性をそのまま実現するものではないが、市場活動を支えている社会の安定や将来への計算可能性を確保するものであったといえよう。

確かに、この「日本型システム」は、一方では安定性をもたらすが、その半面で、硬直化しやすく変化に対応しづらい。今日のように産業構造の大きな変革が求められている時代には、変化への対応力において問題がある。

しかし、もし仮に、今日、この「日本的システム」の持つ社会的な安定化機能がもはや時代に適合しないものだとするならば、賃金、雇用のシステムにおいて経済次元と社会次元の新たな均衡を見出すことが必要となる。

時代の要請

言い換えれば、新たな「日本型システム」の模索に向かうべきであって、すべてを市場に委ねるのは間違っている。経済活動を市場経済の論理のみに限定してしまうのは適切ではないだけでなく、社会的安定性を失い、結果として市場経済そのものにさえも大きな不安定性をもたらすことになるからだ。ここでも政府のアジェンダは、決してあらゆるものを市場競争の論理に当てはめることではなく、社会の安定を確保するための、経済次元と社会次元の新たな均衡についての指針を示すことなのである。

ケインズが市場競争の持つ景気の自動的調整力に一切の信頼を置かず、政府による景気対策を唱えたのも、物価の調整機能を無視したからではなく、まさに20世紀社会の基本前提を彼がよく知っていたからだ。賃金、物価の安定と雇用の確保の双方が要請されているのである。それが現代経済の条件なのであり、それは今日でも変わらない。賃金、物価の安定と雇用の確保によって社会生活を安定させること、これは、いくぶん経済的合理性には反するかもしれないが、しかし現代という時代の社会的要請なのであった。

したがって、これもケインズが文字通りに述べているわけではないにしても、ケインズの考えでは、公共政策は、ただ景気刺激というだけではなく、将来にかけて社会を安定させ、経済活動の確かな基盤を作り出すためのものであった。政府の公共政策が将来の社会像を確かなものとする場合にこそ財政拡大政策は効果を持つ。なぜならこの場合には、それは企業家の期待を改善し民間投資を生み出すからである。政府の公共投資によって、将来へ向けた社会のインフラストラクチャーが作り出される。そして、その時、民間投資活動もその方向へと誘導されるのである。

ところで、ケインズ主義に対する一つの有力な批判は、グローバル化された現代の経済においては、一国主義の枠組みのもとで理論構成されているケインズ主義はもはや成り立たない、というものだった。だが、ケインズ自身は、グローバル経済という現実をどのように考えていたのであろうか。

実は、ここに、ケインズ主義を評価する上でもうひとつの決定的な論点がある。端的にいえば、ケインズは、まさにグローバル経済の最中で、そのグローバル経済に対抗するものとして、政府による公共投資の重要性を説いたのであった。

しかし、どうしてケインズは、グローバル経済に反対して、公共投資を重視したのであろうか。そこにはきわめて今日的な問題がないのだろうか。この点を論じてみたい。だが、この問題は、90年代の不況をもたらした第二のポイントと関わっている。グローバル経済への日本の対応という問題である。そこで、章を改めて、第二のポイントへ議論を移そう。

第4章　「グローバリズム幻想」にふりまわされた日本

1　なぜアメリカの「独り勝ち」なのか?

メディアが演出したグローバリズム

平成長期不況をもたらした二番目のファクターは、「グローバリズム」の理解と、それに対する「国家」の対応の失敗にある。90年代には、「グローバリズム」なる用語は、ほとんど疑問を差し挟むこともできない時代のキーワードになってしまった。財界人からマス・メディア、ジャーナリストへいたるあらゆる人々が、グローバリズムの時代だと唱えていた。この場合に重要なのは、「グローバリズム」は、「国家」や「国民経済」とは全く対立するものだと理解されたということだ。

こうして、冷戦後の世界は、もはや「国民国家」の時代ではなく、ボーダーレスなグローバリズムの時代だということになった。そして、まさにこのグローバリズムの観念が「構造改革」を支えたのであった。だから、「構造改革」論の市場中心主義的な見方や、政府や国家への不信感は、グローバリズム論の脱国家的な理解と重なりあうものだった。「構造改革」とは、世界の潮流の中でいえば、世界のグローバル化に日本の経済・社会を適応させようというのである。

ここにもまた、メディアの強力な後押しがあった。後押しというよりも、むしろ、テレビ、それに大新聞や経済関係の雑誌といったメディアが、脱国家化した世界という「グローバリズム」の風潮を演出していった。

むろん、90年代にもすでにグローバリズムを疑問視する議論は存在したし、海外でもそうした論調は存在した。しかし、メディアはこれらの「反時代的」論調はことごとく無視したし、メディアの圧倒的な世論形成は、グローバリズムの時代の到来、ボーダーレス社会の到来といった論調を唱えるエコノミストやジャーナリストの「時代迎合的」な発言に従って行なわれたのだ。

今日、とりわけ海外から反グローバリズムの議論が紹介され、また、実際に、日本でも構造改革の結果が経済を混乱に陥れるという認識が出てくると、急速に流れが変わりつつあるようにもみえる。書店には、今度は、反グローバリズム関連の書物がしばしば山積みにされるようになった。国際的投資家のジョージ・ソロスがグローバル経済を攻撃するとなると、日本のジャーナリズムはあたふたとグローバリズム批判へ動き出すといった有様なのである。

私が繰り返して強調していることは、まさに、こうしたマス・メディアに主導された世論の付和雷同が、社会から「確信」を奪い、政策を混乱に陥れてきたということだ。大声を発した者の声が反響してすべての者を巻き込んでしまうという「劇場社会」型の構造が事態を混乱させている。

むろん、問題なのは、メディアだけではなく、世論に踊らされる政治家と行政担当者だともいえる。

テレ・ポリティックスの中では、政治家は、どうしても世論迎合的とならざるをえない。今日、政治家は半ば人気商売となってしまい、人気を得るために進んでテレビに出演する。

これは、表面的には、政治家が自分の信念を広く国民に訴えるよい機会だとはいえる。しかし、多くの場合、わずかな与えられた時間に簡単、明瞭なことを訴えるとすれば、その時々の世論の潮流に棹さすほかあるまい。こうして、テレ・ポリティックスは、政治を合理的に世論の支配下に置いてゆく。それを、「政治が庶民に近づいた」といい、「世論が政治に反映される」などというのである。だが、「世論」とは、結局、マス・メディアが、それを「世論」として表象するものにすぎないといっても過言ではない。

たとえば、「政治改革」「小選挙区制による二大政党」「官僚政治は民主主義に反する」「不良債権処理に公的資金を導入すべからず」、そして、「構造改革」「グローバリズム」「ボーダーレス化」「IT革命」「規制緩和」「官から民へ」、こうした言葉は、90年代からいまにいたるまでほとんど疑問の余地のない「世論」としてマス・メディアが唱えてきたものであった。

では、それらは疑問の余地なく正しかったであろうか。とてもそうはいえまい。そのいくつかは実際にはほとんど実現不可能なものであったし、また、そうでなくとも、決して疑問の余地なく正しいなどというものではなかった。少なくとも、その内実については、さらなる議論が必要であった。

だが、それにもかかわらず、その都度これらのメディアが作り上げた「正義」に対抗する少数の議論はほとんどかき消されてきた。結果として、まともな議論が行なわれることは少なく、「世論」なるものの流れに即して、その都度その都度の政策が採用されていったのである。民主主義は、まさに、「世論」に従って動くという、多数者の支配を実現したわけだ。そしてその結果といえば、意思決定の中枢部にあって、国家としての戦略的発想をなすという責任の主体がほとんど存在しなかったということである。

それもそのはずで、一度、「グローバリズム」を国民国家に対立する観念として受け入れてしまえば、もはや国家の戦略的発想など不必要となるほかないからである。

しかし、いま振り返って、90年代のグローバリズムとは何だったのだろうか。グローバリズムへの適応という名目で脱国家化するという発想は、適切だったのだろうか。そのことをいま一度、考えてみたい。

奇妙な「覇権国」の誕生

90年代以降の世界を見た場合、果たして今日、「国家」は衰退に向かっているのだろうか、それとも再び力を増しつつあるのだろうか。これはいささか雑な問いである。しかし今日の世界と、その中における日本の立場や方向を論じる限り、避けては通れない。

一方では、確かに、経済の観点から、ボーダーレス化やグローバリズムの流れに即して「国家の退場（Retreat of the State）」が唱えられる。市場の相互依存や超国家的企業がボーダーレス化現象をもたらしていることは事実だ。

だが他方では、Ｇ７や先進国サミットを見てもわかるように、経済の相互依存が強まれば強まるほど、それぞれの国家の国益の対立や相克、あるいは調整が重要な課題となっている。その中で、政府は、国民生活の安定や雇用の確保といった難題を抱えて、かつてなく重要な役割を割り当てられつつあることもまた事実なのである。

こうして、90年代には、一方で、経済を中心としたボーダーレス化、グローバル化という脱国家化が進展すると同時に、そのことが国家意思や国家の役割の重要性をかつてなく高めるという逆説が生じていたといってよいだろう。われわれはこの両側面を見ておかねばならないのである。

そして、その90年代が終わって、21世紀に入ってみれば、世界経済は、アメリカのほとんど「独り勝ち」といった状況になった。ここで進出著しい中国は別にしておこう。現在の中国経済の成長は目を見張るものがあるが、その政治体制との関係においては、中国経済の前途はにわかには予測しがたいからだ。問題はアメリカである。どうして、90年代にアメリカが圧倒的な位置を占めることが可能となったのだろうか。

基本的な理由ははっきりしている。アメリカがどこよりも明瞭な将来像と国家戦略を持っていたからである。

アメリカは70年代から80年代にかけて、スタグフレーション、財政赤字、貿易赤字、それに製造業の競争力の低下という問題に直面した。この中でレーガンからブッシュ、クリントンへといたるアメリカの政権は、80年代の後半に著しく生産性の低下したアメリカ経済の再建という基本的な課題と、社会主義の崩壊以降の世界秩序の編成という課題の中で、アメリカ経済の復活を最優先政策とした。

ここでアメリカ政府が選択した戦略は、製造業から金融・情報へシフトすることで、グローバルな市場を形成し、世界的規模でアメリカ経済の優位を確立することであった。

80年代から90年代にかけて、アメリカは、グローバルな経済において、各国にアメリカ経済再建の協力を求め、また、時には強硬な圧力をかけた。とりわけ日本に対してはそうである。

85年のプラザ合意によって、日本はアメリカの為替戦略と財政赤字を支えるための「政策協調」に同意した。これ以降、日本は、アメリカの国債を買い、また、ドルを支えるために、アメリカへ向けた多額の投資をすることとなる。

また、87年のルーブル合意によって、日本は、貿易摩擦解消の一環として内需拡大を受け入れる。その結果が、バブル経済に結びついたことはいうまでもない。その後の90年代には、日米構造協議における日本に対する「構造改革」要求を日本は受け入れ、98年の金融危機以降は、一転して、度重なる財政支出による内需拡大というアメリカの要求を受け入れた。

こうして80年代に、日本は「政策協調」と称して、アメリカ経済を側面から支えるという構造の中に、巻き込まれたといってよい。この「構造」をもたらしたアメリカのロジックは次のようなものであった。

世界の経済が発展するためには、世界の政治・経済秩序の安定が必要である。ところで、世界の政治・経済秩序の安定のためには、世界秩序のルールを監視する大国、すなわち「覇権国家」がなければならない。そして、それはアメリカの役割だ。経済のレベルでいえば、これは、アメリカの経済が常に世界No.1でなければならず、ドルはもっとも重要な決済通貨でなければならない。

ところが、ドルがキーカレンシーであるためには、ドルは常に世界に散布されなければならず、このことはアメリカの経常収支の赤字傾向をもたらす。こうして、80年代には、貿易赤字で世界最大の債務国という奇妙な「覇権国」ができあがったわけである。つまり、アメリカ経済は、顕在化しないにしても、ある脆弱《ぜいじゃく》性を内部に抱え込んでいるといわねばならない。

アメリカ経済に対する信任があれば、ドルがアメリカに還流する。この時には、ドル価値は維持され、アメリカを中心とする世界経済はうまくゆく。しかし、アメリカ経済に対する信頼が低下してきた時、ドルは常に暴落の可能性を持っている。アメリカの財政赤字が海外からの投資によってファイナンスされている場合、これはアメリカ国債の暴落をもたらしかねない。

こうした脆弱性をアメリカ経済は抱えている。アメリカの経済的覇権とは、こうした脆弱性によって成り立っている。そこで、アメリカは、その経済を維持し、ドル価値を維持するために、海外からの投資を呼び込むことになる。直接投資と同時に、国債などへの証券投資資金を呼び込む。たとえば、80年代後半、とりわけ世界最大の債権国となり、巨大な貿易黒字を抱える日本は、アメリカ国債をはじめ、アメリカへの投資によって、アメリカ経済を支えることとなった。

なすすべなく取り込まれた日本

ところが、一度この構造ができれば、日本はアメリカ経済を支え続けてゆかねばならなくなる。なぜなら、アメリカからの資本の流出はドル価値の低落をもたらし、これはドル建ての海外資産の大幅な減価を意味するからである。

かくして、奇妙な構造ができあがった。世界的な債権国であり、貿易黒字を出す日本が、債務国で貿易赤字国であるアメリカ経済を支え続けるという構造である。吉川元忠が「マネー敗戦」と呼んだ構造である。

一方、アメリカからすると、アメリカの覇権を維持するためには、ドル価値を維持する上でも、資本をアメリカに呼び込む必要がある。つまり、金融自由化や金融工学によって先進的な金融市場を作り出して、世界中から投資資本を引き付ける。これは株式市場をはじめとするアメリカ金融市場の活性化を生み出し、結果として株価の高騰をもたらすだろう。すると、さらに資本はアメリカに引き付けられる。こうして、いわば金融的覇権の構造を作り出すことで、アメリカ経済の世界的な覇権が維持されてゆく。

ただ、株式市場が高騰を続けるためには、実物部門での「実績」がなければならない。少なくとも、その「期待」がなければならない。かくて、この「実績」もしくは「期待」として、情報通信分野が選ばれた。ＩＴ革命であり、ナスダック市場の創設であった。情報通信は、ＩＴ革命という「期待」を生み出せばよい。つまり、それは「神話」でよい。こうして、ＩＴ革命という神話によって90年代後半のＩＴバブルがもたらされたのであった。

これらは、相当に意識的なアメリカ経済再建の「戦略」であった。そして、日本をはじめとする世界は、このアメリカの「戦略」に巻き込まれていったといってよいだろう。

ゴア副大統領の情報ハイウエイ構想を引き継いだＩＴ革命を世界的に推進したのもアメリカであり、日本もこの潮流の中で、アメリカのＩＴ革命を見習えという議論が自明のものとなってしまった。そして、公正で透明な市場競争こそがグローバル・スタンダードであるという「神話」が作り出された。

90年代の冷戦後の世界において、アメリカは、世界規模での市場競争の促進という一点に焦点を定めたといってよい。ＩＴと金融部門で圧倒的な比較優位を持つアメリカは、グローバルな市場競争によって、いっそうその地位を確かなものとすることができるからだ。アジア経済危機におけるＩＭＦ方式の導入も、アメリカ型の市場競争へ向けたアメリカの戦略性の表れであった。逆に、日本は、ほとんどなすすべもなく、またほとんど無自覚のうちに、このアメリカの再覇権化の構造の中に取り込まれていったわけである。

脆く危険な構造

アメリカの覇権は、本質においてきわめて脆弱なものを孕《はら》んでいる。しかし、それにもかかわらず、この構造は、現実にアメリカの「独り勝ち」を可能とし、あらゆる国をそこに巻き込んでしまう。このことこそが90年代のグローバリズムの本質である。そのメカニズムをもう一度、改めて繰り返しておこう。

80年代にはアメリカの工業生産能力は相当低下していた。考えてみれば、第一次大戦終了後にはアメリカの工業生産は世界の40%ほどに達し、第二次大戦後には50%に達していた。戦後60年代までは、アメリカは自動車、機械、航空機、電気製品などの工業生産において世界の工場の役割を果たしていたわけである。ところが、それ以降、アメリカの工業生産能力は、ドイツや日本に凌駕《りょうが》されるようになり、80年代には大幅な貿易赤字を抱えるようになる。

今日、アメリカの工業生産は、EUを下回り、日本よりは高いものの、さして大きな差があるわけではない。むろん、90年代にアメリカの製造業の生産性上昇率は回復し、これは日本と著しい対照をなしてはいるが、趨勢としていえば製造業における覇権が後退していることは間違いない。アメリカ産業はいち早くサーヴィス部門へ転化したなどといわれるが、要は、十分な工業製品を作りえなくなったということだ。このこと一つを見ても、アメリカの「モノ作り」の能力は傾向的に低下していることは明らかである。その結果として、やむをえず、アメリカは比較優位を持つ情報・金融部門へと力点をシフトしていった。

ところが、一方で、アメリカの消費マインドは、90年代になってもきわめて旺盛であった。その結果、自国で十分な工業製品を供給できないアメリカはそれを海外に依存することになる。日本やドイツや中国などがその重要な供給源になったわけである。アメリカの輸出依存度は90年代後半を通じてさして変化しない（約8％）のに対し、輸入依存度は傾向的に増加し、90年代末で11％を超えている。乗用車、テレビ、トランジスタ、自動データ処理機械、内燃機関、鉄鋼、石油製品、パルプ、紙などの工業製品やそれに準ずる製品において、アメリカの輸入額は世界一である。このことは当然ながら貿易赤字を累積することになり、通常ならば、ドル価値は低落するはずである。にもかかわらずドル価値が維持されたのは、先に述べたように、日本やEUからの資本投資があったからである。

ではアメリカに資本が還流するのはどうしてか。それは、一つには、アメリカが金融工学などを駆使して、きわめて利益機会の高い自由な金融市場を作り出したからである。

しかし、とはいえ、実際には、アメリカに投資される資本は、80年代から90年代初頭には直接投資が大きかったものの、90年代半ば以降、株式投資や国債、その後には社債へとシフトしている。ということは、必ずしも、アメリカに還流される資本は、高度な利潤機会を求めているともいいがたいのである。むしろ、リスキーな利潤機会と安全性のバランスを求めているように見える。
では、何が資本をアメリカに引き付けるのか。それは明らかだろう。利潤機会と安全性の組み合わせである。言い換えれば、一方で、アメリカの金融市場は新たな金融商品などによってきわめて高い利益機会を提供していると同時に、ドル価値の維持と金融不安に対する対応がまだしも信頼性を得ているからだ。つまり、この点での政府の能力に多くの投資家がまだ信頼性をおいているということである。

アメリカへの資本還流の背後には、政府の力、つまり危機管理や為替に影響を与える国家の「強さ」がある。この政治力のためにアメリカの金融市場は活況を維持できるのである。

これは、いうまでもなく、他国の経済政策や為替政策に対する影響力でもある。あたかも他国をアメリカの属国であるかのように扱うことのできる国家の持つ政治力といってもよかろう。このグローバルなパワーこそが、グローバル経済をアメリカ主導にしているのである。政治力とアメリカの経済的覇権が決して無関係ではない。

しかし、これはすでに述べたように、基本的にはきわめて脆《もろ》い構造である。アメリカは絶えず、資本を還流させることで、ドル価値を維持し、また、金融市場を活性化することで消費を拡大し続ける。そのことによって、アメリカは、他国に市場を提供し、グローバルな景気を下支えしてゆく。さもなければ、一度この構造が崩れて、日本なりEUなりが深刻な経済危機に見舞われれば、これはアメリカ経済にも深刻な打撃を与えるからだ。

そこで、アメリカは、他国に対する政治的影響力を常に行使しうる状況の中で、この経済構造を維持してゆかざるをえないのである。

ところが、グローバル経済には大きな問題がある。それは、グローバル経済は、先進国にとって、全般的な需要の減退を招くということだ。このことはあまり指摘されない。しかし、重要なことである。グローバル化の中で、先進国は賃金コストの安い低開発国と競争せざるをえない。とすれば、いわゆる要素価格均等化の法則に従って、先進国の賃金水準は低下することになる。この場合、物価水準も下落するので、先進国は、一般論として言えば、デフレ経済へと陥るであろう。

デフレは、企業業績を悪化させて、投資を手控えさせて、雇用を縮小するだろう。こうして、グローバル化は先進国にとっては、一般的に需要減退をもたらす。

したがって、日本のようなすでに過剰な生産能力を抱えた工業国は、当然ながら、深刻なデフレ・ギャップに陥ることとなる。そしてアメリカが、この過剰な生産物と、投資先を失った過剰な資本を吸収したわけである。

いってみれば、アメリカは、先進国の過剰な生産力を吸い上げる巨大な消費欲望を生み出すことで経済覇権を再確立したということだ。そして、さらに重要なことには、この構造は、アメリカの消費が100%を超える消費性向というきわめて異常な状態によって可能となっていたということだ。アメリカ人はローンによってモノを買い、アメリカは借金によって海外からモノを買い続けたということである。

この構造がいささか異常なものであることはいうまでもないだろう。こうしたことがいつまでも続くとは考えられない。そして、もし事態が逆転して、アメリカの金融市場で一度危機が生じれば、資本は引き揚げられ、ドルは暴落する。一方、借金によってモノを買い続けたアメリカの消費者は個人破産の憂き目にあい、アメリカの景気は一気に低迷に向かうだろう。

この種のクライシスが今すぐ実現化するかどうかはわからない。しかし、常にそのような脆さ、危険を孕んでいることは間違いないのである。まずは、現代のアメリカ主導のグローバル経済が、実は、きわめて危うい構造に支えられたものであることを知っておかねばならない。

だが、この脆さにもかかわらず、確かに、90年代のアメリカは経済再建を果たした。情報化と金融市場によって一種のバブル的構造を作り、消費を喚起することで経済的覇権を回復したわけである。グローバル市場がきわめて不安定な構造をしているにもかかわらず、市場競争はアメリカでは広く受け入れられたのであった。だがそれは果たして、どうしてだったのだろう。

アメリカ的価値観に基づく再覇権

しかも、ここにはアメリカ社会が本来持っている一つの重要な価値観である、個人主義、能力主義、自由競争という理念への回帰が含まれていた。市場競争という原則は、ただ経済上の要請というだけではなく、アメリカ社会の価値観を強く反映するものであった。

もともと、アメリカ社会を組み立てている前提の一つに個人主義や能力主義がある。自由主義もアメリカ社会の基本前提だ。こうして、市場競争化というアメリカの戦略は、それを支える十分に説得力ある価値によって支持されたのである。

その結果、アメリカは経済再生を果たし、「自信」を取り戻した。重要なことは、この経済の再生が、ただ、政府の独断的な戦略にのみ基づいていただけではない、ということだ。そこには、個人の自由、能力主義、競争原理、自己責任というアメリカ社会の価値への強い訴えかけがあったことを忘れてはならない。

むろん、アメリカ社会の価値といっても様々なものがある。宗教的精神や共同体の重視、家族主義などもアメリカの重要な価値観である。しかしその中にあって、もっとも基本的なものは、やはり、個人主義、自由主義、能力主義といった価値だ。80年代から90年代のアメリカの市場競争の強化は、まさにこのアメリカ的価値に訴えかけるものであった。

だから、90年代を通じて、所得格差が著しく拡大しようと、中間層の賃金水準が下がろうと、社会全体での不満はほとんど表だって噴出することがなかった。インターネットで金融市場にアクセスすることによって、誰もが平等にカネ持ちになる機会を与えられたからである。

こうして、重要なことは、ただITや金融によってアメリカ経済が再生したというだけではなく、アメリカ的価値観に基づいて経済が再生したというところにある。アメリカ社会の基本的な価値が再び実現されると期待されたのであった。

そしてその代償はといえば、このアメリカ的な価値の表明であるグローバリズムに世界全体を巻き込んでしまったことであった。その結果、自由競争、個人主義、能力主義といったアメリカ的な価値に基づく市場経済化は世界のいたるところで、地域の文化や伝統や共同体的な生活と摩擦を起こし、さらに金融・情報的グローバリズムの極致であるヘッジ・ファンドのような国際短期資本は、世界経済を時には大きく不安定化する要因となった。

こうした事態は、いまやアメリカ政府のコントロールを超えてしまっている。それはグローバル化によって新たに生み出された問題だといってもよい。

しかし、少なくとも、グローバリズムなるものが、市場経済の自生的な展開によって自然発生的に形成されたものではなく、ここにはアメリカという特定の国家の意思が強く作用していたことを認識しておく必要はあろう。グローバリズムは決して、世界の経済から国境を取り払ったのではなく、アメリカという特定かつ特別の国家を中心にして編成されたものであった。

ここには、アメリカの戦略性があったことは繰り返し強調しておく必要がある。言い換えれば、冷戦後の世界イメージを描き、その中でのアメリカの覇権の再確立という意図があった。むろん、この意思は常に一貫した形で発揮されていたわけではない。

たとえば、クリントン政権の最初の二、三年は、経済政策は迷走し、管理貿易と自由貿易の間を揺れ動いたし、確かな見通しがあったとは思えない。しかし、この試行錯誤の期間を過ぎる頃には、金融・情報といった新規なサーヴィス部門への資源の移動と、金融市場を通じた資本の流動化によるグローバル市場の形成という見通しは確立していた。その中での経済の再生という方向性はほとんど戦略的に意識されていたといってよいだろう。

日米政府の戦略性の差

では、日本はといえば、その事態を、ボーダーレス化の時代や国家の退場などと気楽に評し、国家の役割は終わったなどという「世論」が支配していたのである。

ここには、ただ「構造改革」によってあらゆることを市場化すればグローバリズムに適応できるという発想しかなかった。グローバル化の中で、どの方向に日本経済をリードするのかという確かな決断も戦略もなかった。特定の価値を選択し、あるいは創出し、その方向に向けて国家像を描き出すという戦略が存在しなかったといってよい。ここに日本が「自信喪失」と閉塞感に陥った基本的な理由がある。

こうして、90年代を通じたアメリカの経済的興隆が、その前半期には政府の強固な通商政策や戦略的な産業政策に支えられ、後半期には、情報、金融へ向けた政府の強い後押しに支えられていたことは無視しえない。

つまり、アメリカは、90年代を通じて、情報、金融部門への産業構造の転換をはかり、同時にまた情報、金融中心のグローバルな経済の創出によって経済的再生を目指した。アメリカの経済的再生は、情報、金融がもたらした市場の効率化によるというより、まずは、情報、金融への転換によって経済再生をはかった政府の強い意思にあった。ここには政治的に表現された国家の強い意思があり、またそれを実施できる国家の強力な実行力があったということだ。「強い国家」があったといってもよい。

対照的に、日本は、そのアメリカからの要請を受け入れ、アメリカ型の市場競争社会への転換を約束していた。アメリカ経済とアメリカの覇権を支えるという役割を、またもや自らに課していった。しかし、80年代とは異なって、日本にはもはや世界の経済的拠点としての力量も自信も存在しなかった。日本に必要なものは、アメリカのグローバル市場構造に無条件で巻き込まれることではなく、戦略性を持って日本経済再建のプログラムを作ることであった。そのためには、経済社会の将来像についての構想力を持ち、それを提示し、説得できるだけの「強い政府」がなければならなかったのである。90年代の日米再逆転の理由の一つは、両者における政府の構想力、戦略性の相違にこそ求められるべきであった。

2 「強い国家」が求められている

国家への依存と責任回避

グローバル経済の進展が「強い国家」を要請するという事態は、また次のことによっても確認されよう。

グローバル経済は、様々な予測不可能なリスクを生み出す。しかもそれは時には、システムの全体に対して大きな打撃を及ぼしかねない。

広い意味でのリスクは、おおよそ次の三つに分けて考えることができよう。第一は、景気変動からくる突然の解雇や物価変動、ある範囲内での金融市場の変動からくる狭い意味での「リスク」である。ある程度、予測可能で、ある程度、計算可能なものといってよい。

第二は、銀行の倒産による金融市場の混乱や株式市場の急激な変動、為替の急激な変動など、システム全体に打撃を与えかねない予想困難な事態というべき「アンサーテンティ」である。これは、前にも述べたように、予想不可能で確率計算不可能なものである。

前者は、システムそのものを揺るがすようなものではないので、リスクを引き受ける主体は個々の経済主体である。しかし後者においては、個々の主体は「アンサーテンティ」を引き受けることはできない。ここにおいては政府が積極的に登場せざるをえない。政府が金融機関や預金者を救済し、またシステムを安定化する。

ところが、もうひとつのリスクがある。今日、グローバル化の中で、各国経済は、さらに破局的な、しかも通常は一国レベルでの対応の困難な危機、つまり「クライシス」に巻き込まれる可能性を排除できない。海外における経済危機が瞬く間に自国を含めた世界的な危機状況をもたらすような事態、それが「クライシス」だ。

あるいは、テロやある地域での戦争、巨大地震などによる急激かつ深刻な経済的影響といった事態もそうだ。この場合には、通常の経済政策によって事態を収拾することは困難であろう。ここでは、経済への対策もいっそう統括的な危機対応という政治的意思のもとに置かれる必要さえある。

要するに、一言でリスクといっても、実は、「リスク」「アンサーテンティ」「クライシス」の三つぐらいは区別しておく必要がある。

このように見れば、市場における自己責任という考えによって対応できるのは、せいぜい狭い意味での「リスク」にすぎない。通常の市場競争はある程度のリスクを発生させるが、このリスクは自己責任もしくは雇用に関するセイフティネットなどによって解決可能である。

しかし、今日のグローバル経済の特質は、システム自体に大きな打撃を与える「アンサーテンティ」や、いっそう破局的な「クライシス」の可能性を排除できない、もしくはその蓋然《がいぜん》性を増長させてしまうという点にある。

むしろ、今日のように世界経済が相互依存を強めれば強めるほど、しかも、世界的な資本の動きが早まれば早まるほど、「アンサーテンティ」や「クライシス」の可能性は高まってゆく。そしてこのような事態に対しては、もはや市場の自己責任や制度的なセイフティネットによるだけでは対応できないだろう。強い意思と実行力を持った政府とそれを機能させるような社会的条件、精神風土がなければならない。ここでもまた「強い国家」が要請されるのだ。

注意しておく必要があるが、「強い国家」と「大きい国家」は異なっている。「大きい国家」は主として財政的手段を使った政府・公共部門の経済活動の大きさによって定義されるのに対して、「強い国家」とは、国家の（したがって民主国家においては国民の）意思の表出や実行力において定義されるからだ。

レーガノミックスにせよサッチャーリズムにせよ「大きい国家」を否定したものの、決して「強い国家」は否定しなかった。むしろ、「大きい国家」を否定するためには「強い国家」を必要としたのであった。今日の日本社会の大きな転換期においても、明らかに「強い国家」が要請されている。グローバルなリスク社会においては、一般に「強い国家」が要請されるのである。

ところが日本においては、「強い国家」も「大きい国家」も同一視され、ともに、批判の対象となっている。しかも、今日の日本では、一方では、国家の役割は終わったといいながら、他方では、実際には、国家への期待は大きい。ほとんど無意識のレベルにまで染み渡った国家への依存が強い。

たとえば、近年の電通総研の世界各国での調査によると、「進んで国のためにたたかう用意があるか」という質問に対してイエスと答えるものは、アメリカでは約70%、これに対して日本は20%弱である。ところが「国民の暮らしに国が責任を持つべきか」と問うと、アメリカでは約30%がイエスと答え、日本ではその割合は70%となる。

むろんアンケート調査は質問の仕方によって回答が異なってしまうし、またアンケートが人々の本心をそのまま表しているわけではない。しかし、上の結果は示唆的である。明らかにアメリカ人は、自分たちが国を守る用意はあるが、しかし国には多くのことを期待していない。日本人はちょうど逆で、自分たちが国を守ることは考えていないが、しかし国には多くのことを期待している。しかもこの両者の比率は、日米でほぼ逆になっているのだ。

こうしたところに今日の日本人の「国家意識」が表れているといってよいだろう。進んで国家のことを考えようとはしないが、国家が国民にサーヴィスを提供し、生活の安定をはかることを要求している。このような国家に対する責任回避と国家への依存は、国家が国民生活の安定に十分な役割を果たせないとなると、たちまち国家批判(政府批判)に転じ、国家に依存しながら国家批判を繰り返すという奇妙な精神構造を作り上げるだろう。

実際、90年代を通じた国家なるものへの強い不信感の背景にはこのような心理があったものと思われる。90年代の長引く不況の中で、国家なるものへの不信感が醸成された。そのことが官僚批判、行政改革論、ボーダーレス化論の背後にあったといっても過言ではないだろう。しかし、この国家への不信感は、実は国家への過度な期待の裏返しでもあった。

改めて問われる国家の意味と意思

すでに述べたように、グローバル化の時代は、一方で市場活動の世界的な展開の時代であると同時に、他方で、国家の役割がむしろきわめて重要となる時代でもあった。

ただし、この場合の国家の役割とは、従来のケインズ主義的・福祉主義的政策という意味ではないし、官僚機構の省庁利益によって守られた過度の規制や行政指導ではない。それらは、必要なものと不必要なものに整理されるべきであることはいうまでもなかろう。

ここで重要なことは、国家の役割が、ケインズ主義にせよ福祉主義にせよ、国民の生活の安定や行政サーヴィスの提供とは異なったものに比重を移しつつあるということだ。

だがそれは何であろうか。すでに述べたように二つの点に改めて注意を向けておきたい。一つは、国家の将来像を描き出し、そのための戦略的な意思決定を行うことであり、第二には、グローバル・リスク、とりわけ予測不可能でシステムの急激な不安定化をもたらす「アンサーテンティィ」と

「クライシス」に対する対応を準備することである。この二つが今日の国家に課せられたもっとも重要な課題である。

すでに述べたように、90年代のアメリカが再覇権といってよいような地位を確立した背後には、まさにこの二つの点における「強い国家」があった。それは、第一に、戦略的な方向性を持って情報・金融部門へのシフトを敢行し、また第二に、連邦準備制度理事会の信任を高め、世界的な金融システムの不安定化に対してもアメリカを中心とする危機管理体制をとるべきことを世界に印象づけ、また間接的には、様々なメディアやジャーナルを通じた世界への情報発信や世論形成（誘導）を行ない、リスクの縮減に努めた。

この二つの面でアメリカが強い政治力、指導力を発揮できた点に、90年代アメリカの再覇権化の基本的な理由がある。今日の市場経済は、一面では確かに「グローバル経済」として特徴づけられるのだが、他方では、それと同時にいわば「国家的市場経済（あるいは国家的資本主義）」としても特徴づけられるのである。

このことを理解しておくことは重要だ。それは多少、歴史的に考えても明らかなことである。

市場経済がグローバルに展開し世界的な規模での経済活動の自由が拡大する時期は、また国家が強力な力を持つ時期でもある。それは、近代以降における最初のグローバリズムの展開とでもいうべき16世紀から18世紀にいたる西欧を見てもわかるだろう。

この時代は、新大陸から流入した金銀とアジアから入ってきた香料などの物産をめぐって西欧に商業革命が生じた時期であり、世界的規模で市場が作り出された時代だが、同時にそれはイギリス、オランダ、フランスなどの重商主義の時代であり、強力な国家体制を生み出したイギリスが覇権国となるのである。

また19世紀後半も、かつてなく世界的な規模で物資や資源が移動し、また国境を超えた投資が行なわれたいわゆる帝国主義の時代である。いうまでもなく帝国主義とは、世界的な市場と投資機会をめぐる、いわばグローバルな経済競争の時代であると同時に強力な国家の時代でもあった。

その意味では、GATTとブレトンウッズ体制に支えられた戦後の、比較的秩序を保った世界経済のほうがむしろ特異であったというべきであろう。戦後のブレトンウッズ体制のもとでは、少なくとも71年のニクソン・ショックにいたるまでは、何度かの変調に見舞われながらもそれなりに機能してきた国際通貨システムと貿易体制のもとで、国家間の経済（国際経済）と国内経済の安定性はそこそこ維持されてきたのであり、その条件の中では、とりたてて「国家」の役割や意味を意識し論じるまでもなかったということである。

今日の「グローバル経済」は、為替にせよ、資本移動にせよ、また貿易にせよ国家間の調整と管理を前提とした「国際経済（インターナショナル・エコノミー）」とは大きく異なっている。「国際経済」においては、国家はいわば自明の前提となっており、国家のとるべき経済的手段も限定されている。しかし、

「グローバル経済」においては、国家はもはや自明の前提ではない。これは一応、確かなことである。

しかしまた同時に、国家が処理しなければならない事項はますます複雑性を高めながら増大し、国家の責任はいっそう重要なものとなっている。だから、経済の「グローバル化」の展開の中で改めて国家の意味とその意思が問われることとなるのである。

強い国家の二つの側面

すでに述べたように90年代の経験からすれば、国家の課題は、従来の景気安定化政策や雇用確保にとどまらない。それは、産業構造やグローバル市場に影響を与えうる戦略性を持った国家意思を表現し、そのための情報活動、発信を行ない、またグローバル市場のもたらすリスクや不安定性を縮減して危機に対応しなければならない。「戦略性」と「危機管理」が求められているのだ。

これは20世紀の前半期を主導した「大きな国家（政府）」というよりも「強い国家（政府）」というべきであるが、それでは「強い国家」の「強さ」を作るものは何であろうか。そのことを論じるためにも、まずは「国家」をどう理解すればよいかを手短に論じておこう。

近代国家はしばしば「国民国家（ネイション・ステイト）」と呼ばれる。つまり「国民」と「国家」が合成されているが、この場合、「国民（ネイション）」とは、その語源であるナチオが示すように、ある特定の歴史や文化を共有すると自ら考えている集団であり、一方、「国家（ステイト）」とは、ある範囲の人々や領土の統治の状態を指す。それゆえ「国家」とは端的に、統治の機構を指すとともに、統治の及んでいる社会の状態を指すこととなる。したがって、「国民国家」とは、ある統治のもとに置かれた、ある歴史や文化を共有する集団といってよい。

この場合、注意しておかねばならないのは、「国民」とはいわば中間的で多少曖昧な概念だということだ。一方で、それは共通の祖先や血統の継続を強調する「民族」とは異なっているとともに、他方では、あくまで何らかの共通の歴史意識や文化意識の共有を前提としている。それは明らかに「民族」とは区別されるべきである。

しかしまた、共通の歴史意識や文化意識を生み出す際に、一切の「民族的なもの」を参照しないかというと、事態はそれほど簡単ではない。

そこで、たとえばイギリスのナショナリズム研究者であるアンソニー・スミスは、「民族」と「国民」を区別しながらも「国民の民族的起源（ethnic origin of nation）」に言及せざるをえなかったのである。「国民」と「民族」は異なっている。しかし、全く無関係でもない。多くの場合、「国民」は「民族性」を重要な起源にしている。あるいは、いっそう正確にいえば、「国民」は、あたかもある「民族性」を起源にしているかのようにみなして一つのまとまりを持つ。

だが、「国民国家」についてのこの簡単な定義からもわかるように、われわれが普通言うところの「国家」（しばしばそれは国民国家のことである）は、多少異なった二つのディメンションを持っていることになる。おおよそ共通だと人々がみなす歴史的経験や文化的体系を前提とした集団の意識が一方にはある。そして他方には、あくまで共通の法や政治制度によって構成された統治機構がある。この二つのディメンションを結合するところに近代の国民国家、つまりわれわれが通常言うところの「国家」の意味があるといってよいだろう。

そこでこの二つの側面を、スミスの考えを援用して、国家の「政治的、領土的側面」と「文化的、歴史的側面」と呼んでおこう。

すると、国家とは、一方で、政治的意思決定を行い、それを一定の範囲において執行するという統治に関わる面と、他方で、歴史的に形成された価値や習慣を文化の内に保持するという文化に関わる面を持つことになる。

端的に言えば、国家とは、一方で政治的な意思決定や実行の主体であると同時に、他方では歴史的、文化的形成体でもあるといってよい。この両者がうまく一致するかどうかはここでの問題ではない。しかし、近代的な国家がこの二側面の何らかの結合体であることは否定できない。

そこで次のように言うことができよう。国家の「強さ」は、一方で、政治的意思決定とその実行能力に依存するとともに、他方で、その国の持つ歴史的、文化的な価値や表現形式の力にも依存する、と。

ある意味では、この定義は、国家の覇権力を定義する際の、ナイのいう「ハード・パワー」と「ソフト・パワー」とも重なり合ってくるだろう。アメリカの政治学者ナイは、国家の「力」には、軍事力、政治力、経済力などの「ハード・パワー」と、文化や価値観などの「ソフト・パワー」がある、と述べた。いずれにせよ、国家の「強い」意思決定には、ただ政府の強力な権力だけではなく、それを支える共通の価値がなければならない。

言い換えれば、「強い政治的決定」とは、人々の間に共有されている価値を表現し、実現するものだということである。ここにおいて、国家の意思決定が、その国独自の価値の表現や選択と不可分であることは明らかであろう。国家の意思決定は、常に、一つの価値の選択であり、それゆえにこそ、この価値の選択は、その国家の「アイデンティティ」と切り離すことができないのである。

このように考えてみれば、なぜ80年代の新自由主義政策がアメリカやイギリスではそれなりに支持され、それなりの成果をあげたのか、また90年代のアメリカの金融・情報へのシフトがなぜうまくいったのに、日本では適切、迅速に実行されえないのかの理由の一端もわかる。

様々な政治的、経済的な制度的要因を別として、もっと根本的なことを言えば、すでに述べたように、80年代の新自由主義政策は、明らかにアメリカやイギリスの伝統的な価値への回帰を訴えたものだったからである。

レーガンは、新自由主義をアメリカ本来の価値である個人主義的な自由の観念、能力主義、チャレンジ精神（企業精神）への訴えかけだとし、サッチャーは、その政策を、自助努力と財産資本主義を原則とするヴィクトリア的な価値への復帰だと唱えたのである。90年代アメリカの情報・金融へのシフトはきわめて未来志向の強いものであったが、それでもそれが機会の均等と個人的な能力主義というアメリカ的価値と合致していたことは無視できないだろう。

そして、こうした国民的価値への訴えが「世論」を作り出す。「世論」は、ただ政治力や情報操作によって生み出されるものではなく、本来それは、国民の間にある程度共有されている価値や考えなどをうまく掘り起こして作り出すものなのである。

逆にいえば、潜在的にであれ、共有された価値や思考がなければ、「世論」は全くもって迷走するほかなくなるだろう。確かな価値が見失われたり、そうしたものが適切に表現できない時には、「世論」は状況追従的で行き当たりばったりにならざるをえない。こうして、大衆迎合的でめまぐるしく移り変わる「世論」が登場する。

こう考えると、90年代以降の日本経済の低迷の一因、しかも重要な原因は、現代の日本には、人々が信頼できる確かな価値や合意が存在しないという点にこそある。少なくとも、共有される「国民的価値」が容易には見えない。

日本の拠るべき価値とは

「確かなもの」が見失われてしまっているから、90年代の日本の政策は迷走することとなった。大筋では、アメリカという「大きな状況」へ追従したのである。しかし、90年代の日本がやったように、アメリカの成功を見習って新自由主義的政策を採用すればよいというものではなかった。

90年代のアメリカの経済的成功は、あくまで、アメリカ政府が、アメリカ的な価値を最大限に表現しえるような形でグローバルな戦略を追求できたという点にある。国家意思が、アメリカの「文化」を支える価値を表出する形で「政治的に」表現されたのだった。そうだとすれば、日本の経済的停滞は、それとは対照的に、その国家的意思が、日本の「文化」に内在する「価値」を表出することに失敗したということだ。アメリカ的な改革はアメリカ的な価値には適合的だったとしても、日本のそれに適合するという理由はどこにもないのである。

では今日、日本に求められているものは何か。それは、何よりもまず、日本社会が歴史的に保持してきた文化や価値に即した形で、国家の将来像を描くこと以外にない。その具体的な個々の事例を取り上げ検討することは、ここでは不可能である。それよりもここで関心を持っていることは、具体事例の検討ではなく、思考の方向を指し示すことだからである。

一つの国のアイデンティティとは何か、また共有された価値とは何か、文化を構成しているものは何かという問いに答えることは不可能に近い。

アメリカのように「理念の共和国」ではない日本において、「日本とは何か」などという問いに答えることはほぼ不可能である。日本の文化や価値といっても多様であり、決して一義的に特定できるものではない。

しかし、少なくとも近代以降の日本の「課題」はほとんど一語で表現できるといっても過言ではなかろう。それは、西欧から学び導入した西欧起源の価値や文化、制度と、「日本的なもの」とりわけ日本的な精神風土をいかに結びつけるかということであった。それは日本に自閉するのでもなく、また西欧に追従するのでもなく、西欧的なものを日本的に変形して同化し、定着させ、そこに独自の文明を作り上げることであった。

その結果がハンチントンの言うように、西欧でもアジアでもなく独特の（時には孤立した）文明を生み出したということにもなり、結果として、それはどちらともつかない〝swing civilization〟の様相を呈する、としてもである。

しかし、西欧的なものに常に開きつつ、日本独特のものを構想する点にこそ、近代以降の日本の関心があったことは疑いえないだろう。文化や価値はもとより多様であり、一つのものに限定できるものではない。だが、だからこそ独自のものを歴史の中から見出し、選択し、再提示し、創造する必要がある。伝統とはただそこにあるものではなく、創造するものだからである。そしてそのためには、それなりの国家についての将来像が提示されねばならないであろう。

一国の将来をグローバルな市場競争の手に委ねるのは政治の基本的役割の放棄である。ポランニーやジョン・グレイが述べるように、規制の撤廃を行なってあらゆる決定を自由競争市場の手に委ねるということは、自明の原理ではなく、一つの政治的選択である。19世紀のイギリスの自由主義的な市場経済も、決して自動的に生成したものではない。それ自体、グローバルな経済の中で、イギリスの覇権を目指したイギリス政府がかなり強硬に作り出していったものなのである。

レーガノミックスやサッチャーリズムが示すように、自由競争市場も政治的に作り出されるといってよい。政治が撤退すれば、自動的に自由競争市場が出現するものではない。その場合に出現するのは、ただ社会的な混乱だけであろう。競争的市場も、政治の意思によって作り出されるほかない。だが、その時には、その選択がいかなる歴史的、文化的価値と結びついたものかを政治は示さなければならない。

繰り返すが、レーガノミックスやサッチャーリズムはあくまでアメリカやイギリスの「本来の」価値の復興でもあったのだ。そしてこの価値選択においてはまた、政府が20年、30年先の国家像を描き、そこへ向けた構造的な政策を立案すべきである。むろん、自由な市場競争がそのような国家像をもたらすなどという保証はどこにもないであろう。

今日の日本の課題が、何よりまず、ある価値の選択の上に立った将来の国家像を描く点にあることは疑いを入れないだろう。そして現下の政治、経済、社会の全般にわたるデプレッション（不況感＝憂鬱感）の基本的原因も、「日本」の拠るべき価値が見失われ将来像を結べないところにあるといってよい。

拠るべき価値が一体何であるかについてはむろん容易に表現できるものでもないし、簡単に合意できるものでもないだろう。しかし、多様で多層化された価値が、自生的に形成されたコミュニティや地域、生活様式、生活の中に組み込まれた文化の中に堆積していることも事実であろう。こうした価値を掘り起こし、高齢化、人口減少、環境保持、そして低成長といったほとんど動かしがたい条件の中で、そこに新たな意味を与えてゆくことこそが必要とされている。

そのためには、金銭で評価された市場的効率という一元化された価値のもとにあらゆる決定を委ねるのではなく、まずは安定した文化的生活を可能とする環境、コミュニティを創出するためのインフラストラクチャーの整備こそが火急の課題だと思われる。いずれにせよ、一つの国家像を提示すること（そのこと自体が一つの価値の選択である）、その実現に向けて戦略的な政策を総合化すること、このような意味で国家意思を表明することこそが求められるのだ。

3　グローバル経済の落とし穴

グローバリズムが孕む問題

私は、90年代のグローバリズムが、決して、国家の役割を無化するものではなかったと述べた。それどころか、グローバル化そのものが、アメリカの強い国家的戦略性と無関係ではないというべきであった。これに対して、日本の経済的低迷の基本的な理由は、このアメリカ主導のグローバリズムに対する明瞭な国家的な戦略性を提示できなかった、という点にある。

ところで、経済のグローバリズムそのものは、果たして望ましいことなのだろうか。むろん、経済の相互依存やグローバル化が、大規模な競争を通じて、世界的なスケールで経済成長を実現するということはできるし、国際的な分業の拡大や市場の拡大が経済効果をもたらすことは事実だ。しかし、その場合にも、これらの「可能性」を実現するのは、あくまで「国家」という枠組みを通してである。

そして、過度なグローバリズムは、場合によっては、一国の経済を不安定化し、また、ある国から別の国への富の急速な移転を招いてしまうこともある。とすれば、ある特定の国にとっては、グローバリズムは無条件で歓迎できるわけではない。むしろ、グローバリズムの真っ只中で「国家」を持ち出さなければならないのは、グローバリズムそのものが孕む問題があるからではないだろうか。

そのことをここでは論じてみたい。

ここでまず参照したいのは、またもやケインズの経済観である。当時の一級の世界通で、国際経済の第一人者でもあったケインズが、どうしてグローバリズムに対して警戒的だったのか、このことは改めて論じてみる価値のあることだ。

すでに述べたように、今日ケインズ理論が不人気な理由の一つは、それがあくまで一国の枠組みで理論を構築したからだとされる。一国中心の経済政策を説いたケインズ主義は、このグローバル経済にはもはや妥当しないというわけだ。

ケインズ的政策が一国の枠組みを前提にして理論化されており、それゆえその有効性が限定されているという批判はそれなりにもっともなのだが、以下に述べるように、それでは、ケインズの真意を理解したことにはならない。むしろ、ケインズは放任されたグローバル経済をよく理解していたがゆえに、これに反対したのであった。

「私は自由放任を捨てる」

ケインズが政府による公共事業の必要性を説くのは、必ずしも30年代の大不況を目の当たりにしたからではない。実際には、その10年も前からのことであった。つまり、20年代の長期にわたるイギリス経済の停滞のさなかのことである。

１９２０年代のイギリスは、第一次大戦による経済的打撃と植民地の解体・造反によって、大きな経済的苦境に陥っていた。栄光の経済大国はその地位をアメリカに譲り、植民地の解体の中で自由貿易の原則は、もはやイギリスに十分な利益をもたらさなくなっていた。その中で、イギリスは旧来の平価のもとで金本位制に復帰する。すなわちグローバル経済への参入を決定する。

しかし、この政策はすでにデフレ傾向にあったイギリス経済を直撃し、いっそうの混乱と失業をもたらすこととなる。従来、自由放任主意の擁護者であったケインズが、その立場をドラスティックに変えるのが、まさにこうしたイギリス経済の混乱の時期であった。

この中で、１９２４年を境目として、ケインズは自由主義を捨てる。なぜか。グローバルな自由主義経済とイギリス経済の安定という二つの課題は両立不可能だと考えたからである。自由主義的な国際経済と国内経済の安定は両立しないというのだ。

ケインズにとっては、デフレこそが資本主義経済の最大の危機であった。デフレは、企業の収益計算を混乱させ、企業の投資活動を著しく阻害させるというのがその理由である。だからデフレ経済だけは避けなければならない。そしてすでに弱体化し、長期停滞に陥っているイギリス経済にとって、金融グローバリズムはイギリス経済をますますデフレ化する危険極まりないものであった。

なぜなら、国内に十分な需要が見込まれない状態では、資本は、国内では投資されずに海外へ逃避する以外にない。これはかつての海外投資とは全く異なっている。従来から確かにイギリス経済は、とりわけ貿易外収支から得られた経常黒字を海外投資に回してきた。つまり金融グローバリズムの恩恵を得てきたわけである。

しかし、それは、あくまでイギリス経済が世界の（あるいはイギリス帝国の）中心にあり、イギリスからの海外投資が海外市場を生み出し、その結果、イギリスの輸出拡大をもたらし、ひいてはイギリス産業の活性化につながったからである。しかし、今日のイギリスの長期停滞の中で生じていることは、単なる資本逃避であり、イギリス経済に利益をもたらすものではない。それどころか、資本逃避は、ますますイギリス経済をデフレ化し長期停滞を深刻化するであろう。

それならばどうするか。「ここで私は国家を持ち込む。私は自由放任を捨てる」とケインズは書くのである。民間の投資家は「イギリス人の資産を国内で投資するのも海外で投資するもの同じだと考えている」。しかし、これは間違っている。海外に逃避した資本はイギリスの利益にはならない。つまりここでは「私益」は「公益」とはならないのである。そこでケインズは、民間部門に代わって政府が資本を管理し公共投資を行なうべきだというのである。「国内の富を国内での資本開発に導くことによって、われわれはわが国の経済の均衡を回復することができるだろう」というわけだ。

こうして、ケインズはいわゆる金融中心のグローバル経済からイギリスの産業を守り、雇用を確保するために、政府による積極的な資本管理、公共事業の必要を説くことになる。そして、30年代のいわゆるケインズ主義と呼ばれる財政・金融政策は、あくまでその延長上に出てくることに注意しておかねばならない。

今日しばしば批判される「一国経済」というケインズ理論の前提は、決してただ便宜上の仮定といったようなものではなく、グローバル経済の不安定性から雇用を確保するという戦略的な選択の結果なのである。

そのことを、ケインズは大不況の最中の33年に書かれた「ナショナル・セルフ・サフィシエンシー（国民的自給自足）」と題する論文で明瞭に語っている。

ここでケインズは言う。かつて自由主義を信奉する市場主義者は、「経済的国際主義」つまり今日いう「グローバリズム」は貧困を撲滅し、世界を平和にする方法だと考えた。しかし、これは間違いだ。グローバリズムは決して世界を平和にはしない。「資本の気まぐれな移動」こそが世界の経済を不安定化してしまうのであり、この気まぐれな資本移動を排除することこそが経済政策を遂行するための条件となる。

かくして「退廃的・国際的・個人的な資本主義（デカダント・インターナショナル・インディヴィジュアリスティック・キャピタリズム）は決して成功しない。それは、知的ではなく、美的ではなく、公正ではなく、有徳ではない」というのだ。

いうまでもなくケインズは国際経済の専門家であり、自身が株の投資家であり、また当時のイギリスにあってはきわめて広い国際的視野を持った知識人であり、大蔵省の顧問であった。

この経歴からもわかるように、また、彼の国際金融の知識からしても、彼は、決してグローバル経済を真っ向から否定することなど考えてはいなかった。「自給自足」などといっても、むろん、閉鎖的経済圏を作ろうというわけではない。国家間の経済的相互依存や資本の自由な移動は、改めてことわるまでもない前提なのである。

しかし、だからこそ、そのケインズが、「ナショナル・セルフ・サフィシエンシー」などと題する論文を書かざるをえなかったことの意味が改めて問われねばならないのである。言い換えれば、経済がグローバル化する中で、いわば構造転換に後れをとったイギリス経済の利益をどのように守るのか、これがケインズの問題であり、その回答を、政府によるパブリック・ファンドの管理という点に求めたのであった。

今日にも色あせぬケインズの洞察

このケインズの議論から、われわれは何を学ぶべきであろうか。ここには、いくつかの基本的な、しかも決して無視しえない認識が示されている。それを改めて列挙しておこう。

第一に、グローバルな金融の自由な活動は、一国の経済に対して大きな不安定要因となりうる、ということ。グローバルな金融の自由市場は、一方で海外からの資本投下を呼び込んで経済発展の動力となると同時に、同じその動因が、資本流出をもたらして経済発展の阻害要因ともなりうる。

言い換えれば、将来への期待が上昇する経済に対しては、その傾向にいっそう拍車をかけ、他方で、将来への見通しの悪い経済に対しては、それはますます悪循環を招く。すなわち、グローバルな自由な金融活動は、自己補強的なセルフ・フィードバックを持っており、その意味で、経済を不安定化する傾向を持つ。前に述べた「プラシーボ・エコノミー」である。これは、90年代後半のアメリカのITバブルとその崩壊、90年代前半のアジアへの資本流入と97年の急速な流出、98年のロシア経済危機とアメリカの株式市場の暴落などを見てもすぐにわかることだ。

第二に、グローバルな金融市場において「資本の気まぐれな移動」をもたらす上で、一種の風評、ムードといったいわば「集団心理」が大きな役割を果たす。この「ムード」すなわち「集団心理」が経済に及ぼす影響は、経済学者はまともに取り上げようとしないが、とりわけ今日ではきわめて重要なものとなっている。

ケインズは、『一般理論』において、株式市場など金融市場において「集団心理」がいかに大きな役割を果たすかをいち早く強調したが、今日の経済では、金融市場だけではなく、経済の全体が、しばしば「市場の声」などと「解説」される「ムード（集団心理）」によって、その動向が左右される。むろん、投資や投機には、ある程度の心理的な攪乱や不確定性が必要で、それが市場を活発化することも間違いない。しかし、それにしても、今日のグローバル金融市場では、ある種の「ムード（気分）」が市場を、さらには実体経済までも動かしてしまう。これも経済的不安定性の大きな要因となっている。

第三に、国内経済が停滞している場合には、民間投資が長期的観点から見て有効な部門になされるとは期待しがたい。特に、国内に十分な需要が見込める投資機会がなければ、資本は海外に投機的な利益を求めて流れるであろう。そのことが、いっそうデフレ経済を進行させ、さらに資本の逃避に拍車をかけるという悪循環をもたらす。ひとたび経済がこの回路に陥ってしまえば、民間の自由な活動によってこの悪循環から脱出することはきわめて困難である。

第四に、それゆえに、デフレ経済から脱出するには、民間の「市場活力」に任せるのではなく、政府が公共投資を行なって、将来の経済や生活のインフラストラクチャーを整備するべきである。これはグローバリズムを無視しているのではなく、その逆に、グローバル経済を前提にしているからこそ導き出される結論なのである。

ケインズの考えに従えば、少なくともこれらの論点を引き出すことができる。むろんこれはケインズ理論の再解釈といった学説史的関心からしているのではなく、ケインズのこの考えの道筋が、決して今日でも色あせたものとは思われないという証左である。ケインズの生きた時代と、今日のグローバリズムの間には大きな懸隔はあり、ケインズの思考をそのまま適用するわけにはいかないものの、それにもかかわらず、問題の焦点は驚くほど同質だというべきではないだろうか。

4　「日本売り」をもたらした構造

「構造改革」の副産物

さて、日本の経済の低迷が続く中で、しばしば「日本売り」が行なわれる。そして、この「日本売り」が、またいっそう経済を悪化させる。日本経済は、まさにグローバル化の中で、このような悪循環にさらされている。

実際、小泉政権のもと、銀行の不良債権処理がなかなか進まない02年には、海外の投資家によるいわゆる「日本売り」が大規模に進行した。メリル・リンチのようなアメリカの大手証券会社も日本での活動を大幅に縮小させたし、日本経済の将来に対する信任の低下によって、海外の投資家は日本の金融市場から資金を引き揚げているといわれている。

さらにムーディーズによる日本国債のランク付けの引き下げなどが加わり、それが、株、国債、円の「トリプル安」を生み出し、さらにその事態が、たとえば、「日本のアルゼンチン化」などというジャーナリズムの喧伝によってますます「日本売り」を加速させたのであった。日本経済の低迷の長期化に従って、資本の海外逃避が生じ、それが株式市場の低迷をもたらし、その結果、ますます不況が長期化するという構造である。

まず明快にしておかねばならないことは、90年代以来、わが国が推し進めてきた政策、すなわち経済のボーダーレス化、自由な市場競争化、金融グローバル化の促進といった「構造改革」こそは、まさにこうした事態を十分に生み出す可能性を持っていたということだ。

これは「日本売り」に限らず、今日、問題となっている中国への生産拠点の移出による産業空洞化についてもいえる。日本経済の調子がよければ、金融の自由化は日本へ資本を呼び込むことになるが、経済が長期に低迷すれば、当然、資本は海外に逃避する。そのことは、さらに経済を低迷させるであろう。

その意味では、今日の「日本売り」や産業空洞化は、「構造改革」の当然の「副産物」だといわねばならない。ケインズのいうところの「退嬰《たいえい》的（無倫理的）、個人主義的、国際主義的な資本主義（市場主義）」への転換とは、まさにこのような状況を覚悟するということ以外の何ものでもないのである。

そして、97年のアジア経済危機後の日本の金融危機、98年のロシア危機に端を発する世界経済の動揺とわが国の金融不安、さらに２０００年アメリカにおけるＩＴバブル崩壊の余波としての日本経済失速、これらは明らかに、わが国の経済がグローバル経済と結びついた結果であった。

今回の「日本売り」においても、世界的な投資資金の効率的な運用というグローバルな金融自由化の理念からすれば、さして将来性の見込めない経済から資金が逃避するのは当然のことだ。経済のグローバル化、とりわけ金融のグローバル化とは、将来の経済成長が期待される国や地域には資本が集中し、そうでない国からは資本が逃避するという仕組みである。ひとたび、経済の調子が崩れれば、経済の低迷は長期化するほかない。

したがって、「構造改革」の理念を正当なものとして擁護する限り、「日本売り」も産業空洞化も特に危機感を持つ理由も、また批判を唱える理由もないということになる。むしろ、自由な国際金融市場で有効な資源配分が達成されていく結果だといわねばならないはずだ。

もし問題があるとすれば、それは「構造改革」の遅れによって投資家が「日本売り」に入るという理由で、政府の政策の遅滞を批判するぐらいだろう。言い換えれば「構造改革」さえ進めば、やがて事態は好転するということである。

拡散するグローバル・リスク

しかし、今日生じていることは、明らかにそれほど合理的なことでも、また楽観できるような事態でもない。私は、「構造改革」さえ進めば、事態が好転するとは決して考えない。さしあたり、雑多な意味で使用される「構造改革」なる語の定義はさておくとして、その核にある発想を、金融・情報を中心としたグローバルな競争的市場への日本経済の構造転換と理解しておこう。

そうだとすれば、「構造改革」の進展とは、一面では確かに世界的な規模でのビジネスチャンスの拡大と、安価な消費財の流通の可能性を意味するが、同時に、それは一国の経済を、ひいては国民生活を、競争市場の不安定性に直接に晒すことでもある。

これは「気まぐれな」短期資本の半ば投機的な運動によって国民経済が翻弄される機会を与えるだけではなく、現に生じているように、中国のような急成長を遂げる新興の発展国との間のコスト競争をも意味する。つまり、われわれの生活、雇用、物価、賃金の水準が、海外の経済との相対関係（競争関係）によって規定されてくるということなのである。

言い換えれば、たとえば、中国経済や他の海外経済の混乱や危機が生じた場合、われわれの生活そのものがその影響に晒されることを意味している。グローバリズムのもとでは、海外で生じた混乱の影響が瞬く間に世界中に思いもかけない形で拡散するのだ。こうした、「外部」からくる国民経済の不安定性は、「構造改革」が進展すれば解消するのではなく、逆に「構造改革」の進展によってさらに促進されるであろう。

「構造改革」を支持するということは、さしあたりは、国民経済の不安定化を甘受しなければならない、ということだ。われわれの生活や雇用、賃金などの思わぬ不安定化を覚悟しなければならない。それも従来の景気変動による不安定化ではなく、地球の全く別の場所で生じた経済危機や、国際短期資本の急激な移動、為替の急激な変動、企業の海外移転などが一国の国民経済にもたらすグローバル・リスクを覚悟するということ以外の何ものでもないのである。

経済の相互緊密化、すなわち経済的グローバリズムとはまさにこうしたグローバル・リスクの世界的な拡散を意味している。

今日のように世界の経済の相互依存が進めば、このことはある意味ではやむをえない。この種のグローバル・リスクをうまく回避する方法は見当たらない。

しかし問題は、たとえそうだとしても、グローバル経済がもたらす不安定性、経済の変動、雇用の動揺などについて、わが国のジャーナリズムも政府もあまりに無防備であったということだ。あまつさえ、ボーダーレス化や規制緩和に宣言される「国家の退場」を鵜呑みにすることで、このリスクに対する防衛という意識が決定的に欠落してしまった。

ここでもまた、あまりに単純化され情緒的に理解された「グローバリズム」が自明のものとして絶対視されてしまったのである。ご都合主義的で状況主義的な評論家やエコノミストが「グローバリズム幻想」を説き、マスメディアがそれを無責任に拡大して「世論」に仕立て上げてしまった。

しかも、グローバリズムがもたらす経済の不安定性にはもうひとつの無視しえない問題がある。それは、経済の不安定性を生み出すものが、ただ純粋に需給調整のための価格変動といったメカニズムによるものなのではなく、いわば人間心理や集団的な情緒、ある種の情報の流通によって引き起こされるという点だ。

ここで作用しているものは、ただ抽象的な市場のメカニズムではなく、もっと曖昧で不定形で情緒的な情報の動き、一種の「集団心理」にほかならないのであり、情報が生み出す社会的な「気分(情緒性)」なのである。こうした不定形で捉えどころのないものが現に、経済を動かしてしまうのである。経済を構成しているのは、決して合理的個人の確かな計算ではない。個人の計算の基礎を与えるものが、すでに不定形な「集団的情緒」なのである。ここに今日の経済の大きな特質がある。

現代の経済は、構造的にきわめて脆弱で不安定な要素をその中心部に抱えている。90年代の情報・通信の急展開と連動した金融経済の進展は、マクロ的な経済活動に対する金融のウエイトを飛躍的に高めた。とりわけ株式市場の動向が、ただ実体経済の先行指標というよりも、実体経済そのものを動かす要因となったのである。

たとえば、2000年の前半期には回復基調にあった経済を再び悪化させたものは、アメリカのITバブルの崩壊とそれに連動した株式市場の急落であった。そして、金融市場の低迷が、一方で、資産デフレを生み、他方で企業の将来期待を低下させて民間投資の停滞をもたらす。こうして経済は緩やかなデフレ・スパイラルという悪循環回路に入る。しかもここで重要なことには、多くの場合、金融の不安定性をもたらす要因として、何らかの「情報」の動きとそれに伴った「気分」の動揺を無視できないのである。

不透明感と悲観的「気分」

現代の経済は、大方の経済学者が想定するように、ただ市場という「メカニズム」によってだけ動いているものではない。経済の「状態」を表現する言説、その「状況」示す指標や情報、そしてそれらの言説や情報が生み出す社会的「気分(情情性)」がきわめて重要な役割を果たす。失業統計や日銀の短期観測といった統計や指標、さらには政府要人の発言が、ある種の情緒的反応を呼び起こし、それが一つの「集団的情緒性」となった時、経済を変動させる。企業が投資計画において反応するのは、ただ客観的に計算可能な収益率ではなく、多様な言説、情報、気分によって左右される集団の心理なのであり、これは、金融市場の投資家においてはいっそう著しい。

現代の経済が、容易には政策的に管理しがたい不安定性をその核心に内蔵しているというのはそういうことだ。今日の市場経済は、ただ価格による競争メカニズムなのではなく、心理的メカニズムによって左右される「心理経済」というべきものでもある。「プラシーボ・エコノミー」だ。

そして、まさに、この「プラシーボ・エコノミー＝心理経済」の中で、日本売り、すなわち日本からの資本逃避も生じる。それは、何か確かな情報や根拠に基づいた合理的判断というよりも、まさに集団的な「気分」というほかない何ものかである。

では何がこの「気分」を動かしているのか。今日、この悲観的な「気分」を生み出しているものは、煎じ詰めるところ、「日本」という国の先行きに対する不透明感、あるいは不信感だ。

言い換えれば、個々の投資家が個々の企業評価、銘柄評価を行なって合理的に資金配分をしているだけだというのはあまりに皮相な解釈である。「日本売り」という現象が示すものは、個々の企業の背後には「日本」が控えているという歴然たる事実である。グローバルな市場といえども「国家」とは無縁ではありえない。それどころか、グローバルな市場では「国家」そのものがゲームの対象とされてしまいかねないのである。

この場合に「国家」をゲームの対象として弄《もてあそ》ぶのは、いささか曖昧な「気分」や様々な「情報」による「集団心理」である。「日本経済」に対する不信感、「日本政府」に対する不信感が「集団心理(ムード)」として醸成されれば、「日本」は売りに出される。

こうした中で、「国家」は、否応なく、このゲームの主体として登場し、何らかの役割を果たさなければならなくなる。「国家」はただ、売りに出されるのを手をこまねいて傍観するわけにはゆかない。何らかの対応を要求されることになる。ここに、グローバリズムの時代における「国家」なるものの意味が改めて問われなければならない理由が出てくる。

アメリカの要請にふりまわされ続けた90年代

冷戦以降の自由社会の勝利をして、ボーダーレスな市場化の時代であるという「思い込み」が90年代以降の日本を広く覆ってしまった。市場活動と国家や政府活動が対立させられ、「国家の退場」が求められたのであった。しかし、実際に生じたことは、「国家の退場」どころではない。見方によっては逆の事態である。グローバル化の進行の中で、国家の役割はいっそう重要性を増し、「国のかたち」がいっそう、表面に現出せざるをえなくなったということだ。

こうして、すでに述べたように、90年代の日米の経済的な対照性が生み出された。繰り返しておけば、90年代後半以降の、世界的な情報・金融中心のグローバル経済化の中でひとりアメリカが決定的な優位を確保することができた大きな理由は、情報・金融への経済構造の転換をアメリカはいわば国家的戦略として政策的に遂行し、そこにアメリカ的個人主義や競争的能力主義の価値の実現を期待しようとしたからである。

ひるがえっていえば、日本の停滞は、この種の国家的な戦略を日本がほとんど持ちえなかった点にあった。日本は、ほとんど戦略的発想もなく、アメリカからの要求に応じ、またアメリカ流の経済学の流れに従って、グローバル化、情報化にただ「適応」しようと努めた。しかし、その結果、「日本型システム」も崩壊し、アメリカ流の個人主義的競争社会も実現せずという混乱に陥ったのである。ここに90年代の停滞の真因がある。

国家的な戦略とは、常に、その国家のヴィジョンや価値の実現と不可分だとすれば、日本の停滞のもっとも基底に見えてくるものは、まさに自らの「国のかたち」を見失い、実現すべき、あるいは保持すべき価値を提示しえないということにほかならない。「価値観の喪失」もしくは「確信の崩壊」こそが問題とされるべきなのである。価値を提示しえないことからくる自信喪失、確信の崩壊である。これは何も政府だけの責任ではない。ジャーナリズムの展開する「世論」においても顕著であった。

こうして経済の混乱の背後には、価値の混乱があった。「日本的なもの」に対する確信も動揺し、かといってアメリカ型の「グローバル・スタンダード」に対する信頼も形成されない。ただ、「グローバル・スタンダード」という言葉にのみ飛びつくことで、「日本的なもの」が持っているコンテクストや独自な意味を見失っていった。経済に価値が定まらなければ、政策確信も生じない。90年代以降、顕著なことは、政府には政策的一貫性がなければ、これを後押し批判する世論にもおよそ一貫性が存在しないということであった。

構造改革が強く叫ばれると、その次には景気対策が唱えられる。ＩＴ革命などといって持ち上げられたかと思えば、一年もたたずにＩＴなどは幻だという。不良債権を持つ金融機関などつぶせという議論のすぐ後には、政府は金融システムを安定化せよ、という。

もう少し長いタイムスパンで見れば、90年代の半ばには、日本経済の物価高、コスト高が問題視され、そのことこそが「規制緩和」論の根拠とされた。この中で、「価格破壊」「コスト破壊」が叫ばれた。ところが、現に規制緩和が行なわれ、市場競争が広範囲に影響力を持つようになった結果として、デフレ経済になるや、今度は、デフレこそが日本経済の桎梏《しっこく》とされ、インフレ・ターゲット論まで登場するのである。

あるいは、95年の住専問題においては、金融機関の不良債権処理に関して公的資金を投入するなどとんでもない、という論調が「世論」を支配していたのに対して、それから数年もたてば、今度は逆に、なぜ公的資金をもっと速やかに投入しないのか、という議論が主流となる。いささか異常事態とはいえ、市場競争と民営化の最中に、銀行の事実上の国有化というプランが出てくる。これも「改革」なのである。

銀行が「貸し渋り」をするために、中小企業に資金が回らない。そこで日銀の量的緩和や他の手法によって中小企業に資金を回すようにする、という。しかし、市場競争の導入によって低生産性分野や企業を整理することこそが「構造改革」だったとすれば、これはまさに低生産性企業の意図的な保護になる。ここにも「改革」政策の矛盾がある。こうして、「改革」も一貫できない。すべてが場当たり的に進行してゆく。90年代からそうだった。このご都合主義は小泉政権でも変わらない。

そして多くの場合、日本経済に対するこうした要求の背後には場当たり的なアメリカからの要請があった。このアメリカからの要請、もしくはアメリカ発のジャーナリスティックな議論のご都合主義に同調する日本の世論、それが生み出す議論の果てしなき迷走、少なくとも、そこに今日の日本経済の停滞の、直接的原因とは言わぬまでも、社会的条件を見て取ることは決して無謀ではあるまい。

試される「国」への意識

ケインズは、グローバリズムのもたらす不安定性に対して、「私は国家を持ち出す」と述べた。結局、日本にとって必要なことも「国家を持ち出す」ことである。これは、ナショナリズムや排外主義、閉鎖主義などとは何の関係もないことだし、ましてや社会主義とは全く無関係のことで、しごく当然のことだと私には思われる。

この場合の「国家を持ち出す」とは二つの意味を持っている。

第一に、モノ作り、組織的運営能力、自生的調整能力、といった日本経済を支えてきた比較優位を改めて想起し、その上に改めて、「確信を持てる」日本経済の組織作りを行なうことである。これはグローバルに開かれた市場と矛盾するものではない。グローバルな経済であるからこそ、日本独自の比較優位を改めて再構築する必要がある、ということである。組織や人的ネットワークという「社会的資本」を活用する点にこそ、日本の比較優位があったはずなのである。

第二に、より重要なことだが、まさにケインズが述べたように、自信喪失に陥り、将来の展望の持てない状態においてこそ、政府が公共的に資金管理を行なって、将来の国家像を提示する必要がある。いまこそ、国民的資産を将来の社会像を見据えた上に、そのインフラストラクチャーの整備のために使用すべきであろう。

そしていうまでもなく、そこにはそれなりの国家ヴィジョンにも基づいた公共計画がなければならない。ケインズは、資本の海外逃避を防ぐべく、政府が公共計画を立て、とりわけ都市の美観の整備、田園のアメニティの確保、住宅政策など、要するに、決して貿易可能な国際商品ではない、その国に独自のものを創出することを提唱した。

いま、わが国に必要なことは、こうした公共計画である。それを新たな「国づくり」といってもよいだろう。地方政府が公共計画の主体だと考えれば、これは「地域づくり」「街づくり」といってよい。中央および地方の政府がその方向を指し示し、そのための事業を提示すれば、民間資本をその方向に誘導することは十分に可能である。要するに、ただ民営化、公共事業の縮減、市場競争化が求められているのではなく、政府が将来の社会設計の指針を示し、そのインフラストラクチャーを拡充することで、民間活動の方向に「確信」を与えることこそが求められているといわねばならない。

必要なことは、「官」から「民」へではなく、「官」と「民」の協調である。将来の社会の方向が示されなければ、「官」から「民」へと流れた資本は、短期的利得を求めて海外へ流出するほかなかろう。それを防ぐには、国内に確かな投資機会をつくる以外にない。そして、その方向を示し、指針を与えるのは政府のきわめて重要なアジェンダなのである。

グローバル経済の時代には、国家や国民の観念が無意味になるのではない。むしろその逆に、その国民の持っている「国民的特性」がかつてなく試されるのである。守りまた作り出すべき文化、育てるべき風景、都市と田園への想像力、豊かな人間関係や日常生活、こうした広い意味での「国民の文化」への愛着と責任感だけが、結局、このグローバルな時代に耐久力ある豊かな社会を作り上げることを可能とするだろう。つまり、国家やコミュニティへの責任の意識、言い換えれば「公」の意識こそが、このグローバリズムの時代に強く求められているということである。その意味で、いまほど、われわれの「国」あるいは「コミュニティ」へ向けられた公共的意識が問われている時代はない。

第5章　長期停滞へと陥る日本経済

1　「豊かさの中の停滞」の時代

長期停滞への移行は「異常事態」か

10年以上に及ぶ長期不況をもたらしている第三の要因は、ある意味できわめて深刻なものである。それは、先進国経済が半ば傾向的に陥らざるをえない長期停滞のプロセスに入っているということだ。この長期不況の基底にあるものは、ただ、バブル崩壊後の循環的な不況や、不良債権処理の遅れといったことではなく、いっそう長期的な傾向的な経済停滞への途上にあるということだ。

これは、言い換えれば、まさに日本社会が大きな「構造転換」を必要としているということである。しかし、この構造変化に対する確かな政策対応はできていない。今日、日本は社会構造上の大きな変化の最中にあって、もはや従来の経済システムや従来の考え方ではやってゆけない。この認識は、確かに「構造改革論」も共有している。しかし、私のいう「構造転換」は、「構造改革論」のそれとは違っている。

「構造改革論」は、確かに、今日の日本経済の停滞の主因を、景気循環的なものではなく、構造的なものだとする。ただ、この「構造的」という意味は、行政規制やいわゆる日本型システムによって非効率企業、非効率産業が保護されており、サプライサイドの非効率が生み出されているということだ。だから、非効率企業、過剰債務企業を整理し、生産性の低い公共的資金を民間部門へ回せば、日本経済の成長力は回復するという。これが「構造」改革の意味である。

もしそうなれば、それはそれで結構なことだ。しかし私はもっと悲観的である。今日、日本が陥っている状態は、もっと緩慢で長期にわたる経済活力の低下、つまり長期停滞なのではないだろうか。そして、この長期停滞にはそれなりの必然性がある。ということは、容易に脱出することはできない。そして、ある意味で、将来の経済像を描く場合、われわれは、長期停滞を前提条件に組み込まなければならないのではないだろうか。

考えてみれば、長期停滞が「異常事態」であって、そこから一刻も早く脱出し、再び成長経済に向かわなければならない、ということこそが、従来の思考様式だったのではないだろうか。成長信仰、発展信仰といってもよい。「構造改革」にしても、あくまで、日本経済を再び成長経路に持ち上げようとする。景気対策派にしても、やはり、経済成長を良しとする点では従来の思考の延長上にある。今日の日本経済を「異常事態」だとすることは、どこか依然として経済成長という脅迫観念に駆られている。その意味では「構造改革」も従来の「成長主義」の延長上にある。

ここで「経済成長という強迫観念」といった意味は、経済のパフォーマンスを、基本的に成長率に還元して評価しようとする思考方法である。ゼロ成長が数年続けば、これは「異常事態」だということになり、中国が7%の成長を達成すれば、中国経済脅威説がたちどころに出てくる。

しかし、問題は、成長率ではなく、いかなる社会を作り、生活の内実をいかに豊かで充実したものとしてゆくかにある。経済成長は一つのファクターではあっても、それ以上のものではない。問題は、経済活動の「中身」である。

こうした成長信仰こそ、いま、捨てなければならない。実際、日本経済は、今後、長期的に低成長経済へ移行せざるをえないし、それでよいのである。少々極端にいえば、ゼロ成長経済をもはや「異常事態」ではなく、当然の前提と見なさざるをえない時代に入りつつある。「長期停滞」を異常事態と見なすか、あるいは、「定常経済」への移行過程として、それなりに正常なものと見るかは、まさしく見方の違いなのである。見方の違いを生み出すものは、思考様式の違いだ。その意味で、今日、われわれは、思考様式を大きく変革しなければならない。そして、この変革は、日本社会の直面している状況の変化を見れば、ほとんど必然的なもののように思われる。

「豊かさ」ゆえの停滞とケインズの予言

そのことを明らかにするために、ここでもまた、ケインズの議論を参照しよう。この点においてもケインズは、また、重要な論点を提供しているからである。

繰り返しになるが、ケインズは、大不況、つまり経済の長期的停滞の原因をどこに見ていたか。彼は、それを、主として企業の投資の不足にみた。では設備投資はなぜ十分ではないのか。それは、一つは、完全雇用をもたらすだけの投資を生み出さないほどに利子率が高いからであり、もうひとつは、投資の将来収益率が急速に悪化する、もしくは収益率の計算が確実に予測されえないような状況になっているからであった。

注意しておく必要があるのは、この時には、生産能力は決して低いわけでもなく、またそれが破壊されているわけでもない、ということだ。資源も十分にある。また需要がないわけでもない。つまり経済は、本来、十分に「豊かな社会」を実現できるだけの条件を持っているはずなのに、しかも停滞に陥っているのである。まさに「豊かさの中の停滞」といってよい。資源がなく、生産能力がなく、労働者の勤労意欲も低いという「貧しい社会」ゆえの停滞ではなく、その逆なのだ。「豊かな社会」の停滞なのである。

しかも、資本ストックは、一般的にいえば、増加すればするほど、その限界収益率は低下してくるだろう。となれば、相当に低い利子率の水準が続かなければ、容易に投資は増加しない。しかもそれに加えて、人々が現在の生活水準にそれなりに満足し、将来にわたりそれほど消費を増加させないとなれば、企業は経済の将来にあまり明るい見通しを持たなくなる。こうなると、完全雇用水準を維持するだけの投資を期待することは難しくなるだろう。こうして「豊かな社会」になればなるほど経済の停滞、すなわち長期不況に陥る可能性は高くなる。「豊かさ」ゆえの停滞だ。

ケインズは、１９３０年代の時点で、こうした「豊かさの中の不況」が本当に深刻なものだとは述べていない。この時点では、利子率を下げれば、まだ十分な投資がなされうると見ていた。だから、30年代の不況は、歴史的に見れば一時的なものである。

しかし、経済成長が続けば、やがて資本ストックの増加がほとんど収益を生み出さないという絶対的な「過剰投資」の状態が来ないとは限らない、とケインズは言う。

彼の書いているところを見てみよう。

「私自身は、資本ストックを、それがもはや稀少ではなくなるまで増加させることが社会的利益だと信じている。」しかし、と彼はいう。「実際に、きわめてありうることであるが、イギリスやアメリカのような豊かな社会では、ほぼ完全雇用に近い状態を長期にわたって続けてゆくには、やがては完全投資の状態にいたるほどの巨額な投資がおこなわれることを意味している。ここで完全投資というのは、どんな種類の耐久財についてもこれ以上の増加からはもはや取替え費用以上の収益を期待することができなくなるほどの投資の状態である。」（『雇用・利子および貨幣の一般理論』東洋経済新報社）

要するに、完全雇用を維持し続けるためには、資本ストックがほとんど稀少ではなくなるまで投資を続けてゆくことが必要である。「豊かな社会」であればこそ、われわれは、絶えず、巨大ビルを建設し、地方を開発して住宅やショッピングストアをつくり、絶えず、新しい機械や電気製品を生み出し続けていかなければならない。

だがその結果、「豊かな社会」では、やがては、もはや投資が一切の純収益を生み出さない水準にまで達するだろう。むろん、現実にはそのようなことはありえない。完全投資状態、言い換えれば定常状態を先送りするものは、絶えざる技術革新であり、新商品の開拓であり、新たな市場の開拓である。現実には、絶えず技術は革新され、新たな生活用品が開発される。この種の技術革新は確かに新たな利潤機会となり、収益率を引き上げる。こうして資本主義経済は、常に「新たなもの」を持ち込み、開拓することで、「定常状態」を先送りしてゆく。とりわけ技術革新や市場の開拓というダイナミックスこそが経済の原動力となっている。

しかし、それでも、それらの新製品はいずれ生活の中で日常化し、こうした技術革新の繰り返しは、やがて、人々の大きな欲望を刺激できなくなってゆくだろう。先進国の技術水準はきわめて高い生産能力を可能とする。しかし、そうなればなるほど、人々の日常的な必要品や自然な欲求の枠を超えてゆく。技術革新と設備投資は、資本ストックを過剰に蓄積し、この過剰感の中から長期にわたって緩やかにストック調整が行なわれれば、設備投資や開発投資は徐々に低迷してゆくだろう。

ここまでくれば、経済はいずれ徐々に長期停滞に陥らざるをえない。これはリカードのいう定常状態に近い。そして、この民間投資がほとんど収益を期待できない世界で雇用を維持してゆくには政府による公共投資しかない、ということになろう。

むろん、「定常状態」は実際にはありえない。完全投資の状態も定常状態もいわば理論的に生み出された極限の状態で、フィクションだ。それが実際にわれわれの世界で実現するわけではない。しかし、「豊かな社会」がその方向に一歩、一歩と近づくことは十分想像できることである。

ケインズ自身は、実際に、このことを現実的な可能性と捉えており、現に、次のように述べている。

「この完全投資の状態は、比較的にすみやかに、たとえば25年以内に到来するかもしれない。この完全投資の状態がいまだかつて到来したことがないし、瞬間的にも実現したことがないからといって、人は、私が将来の可能性も否定するとは考えてはならない。」（同上書）

ケインズがこう書いた『一般理論』の出版からすでに70年近くが過ぎようとしているので、ケインズの不吉な予言は時効になったと言いたくもなるが、原則的に言えば、この考えが全く間違っているとも思われないのである。

高度成長の延長に限界

この観点から見ると、90年代の日本経済の低迷も、ただバブルの崩壊、構造改革の遅れというだけではすまないようにも思えてくる。

設備投資は、80年代後半のバブルの後、90年代には傾向的に低下している。91年に約6兆円だった製造業の設備投資は01年には20％ほど減少している。非製造業においても、約9兆円であった投資は10％ほど減少している。むろんこれは、直接には、バブル崩壊のストック調整のためと、その後の景気先行き見通しの不透明さのためである。しかし、ストック調整は、94年までには一段落つき、長く見ても、2000年までには終わっている。そして、先行き不透明なのは、長期にわたって、消費が増加するとは考えにくいからである。言い換えれば、現在の経済社会の構造のもとでは、

図6　設備投資の推移

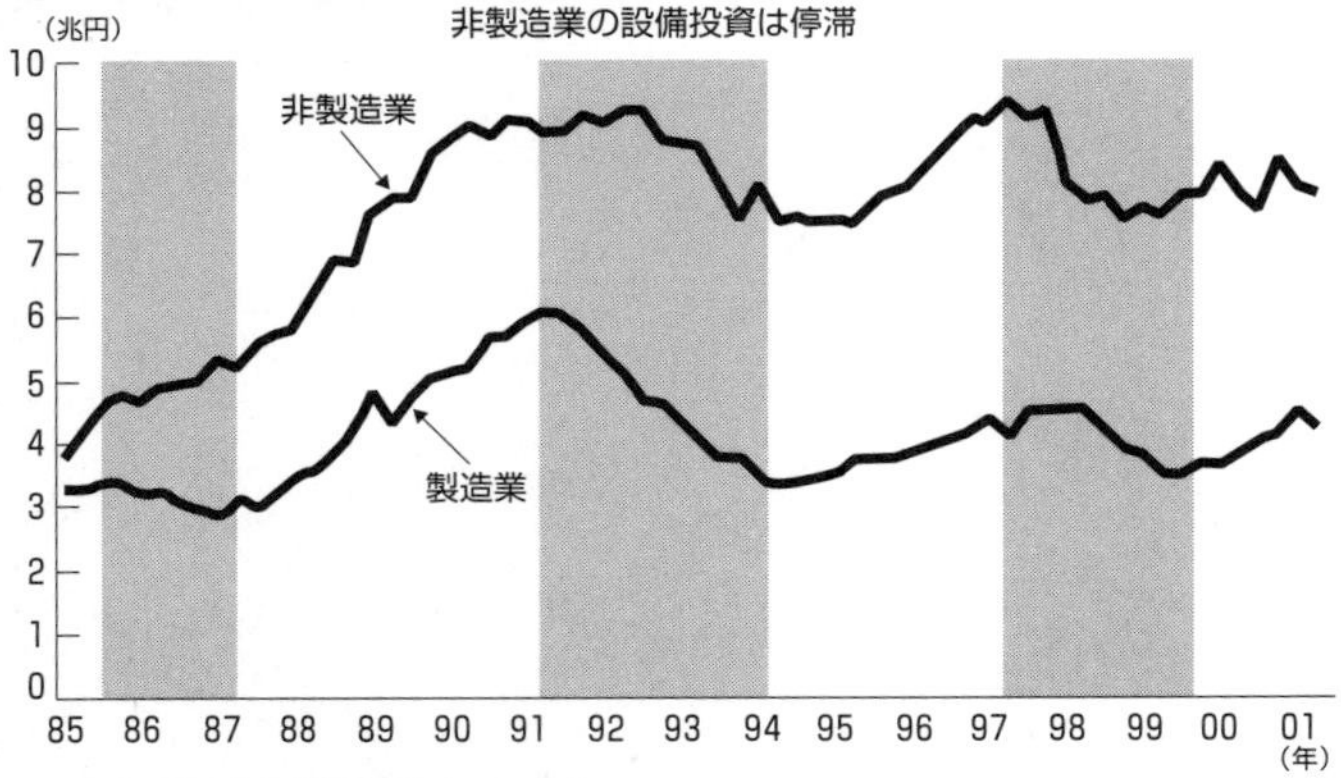

1. 財務省「法人企業統計季報」により作成。
2. 全規模、四半期の季節調整済実質値。GDP統計の設備投資デフレータで実質化。
3. シャドー部は景気後退期。

『経済財政白書平成13年』より

図7　設備投資の効率性の各国比較

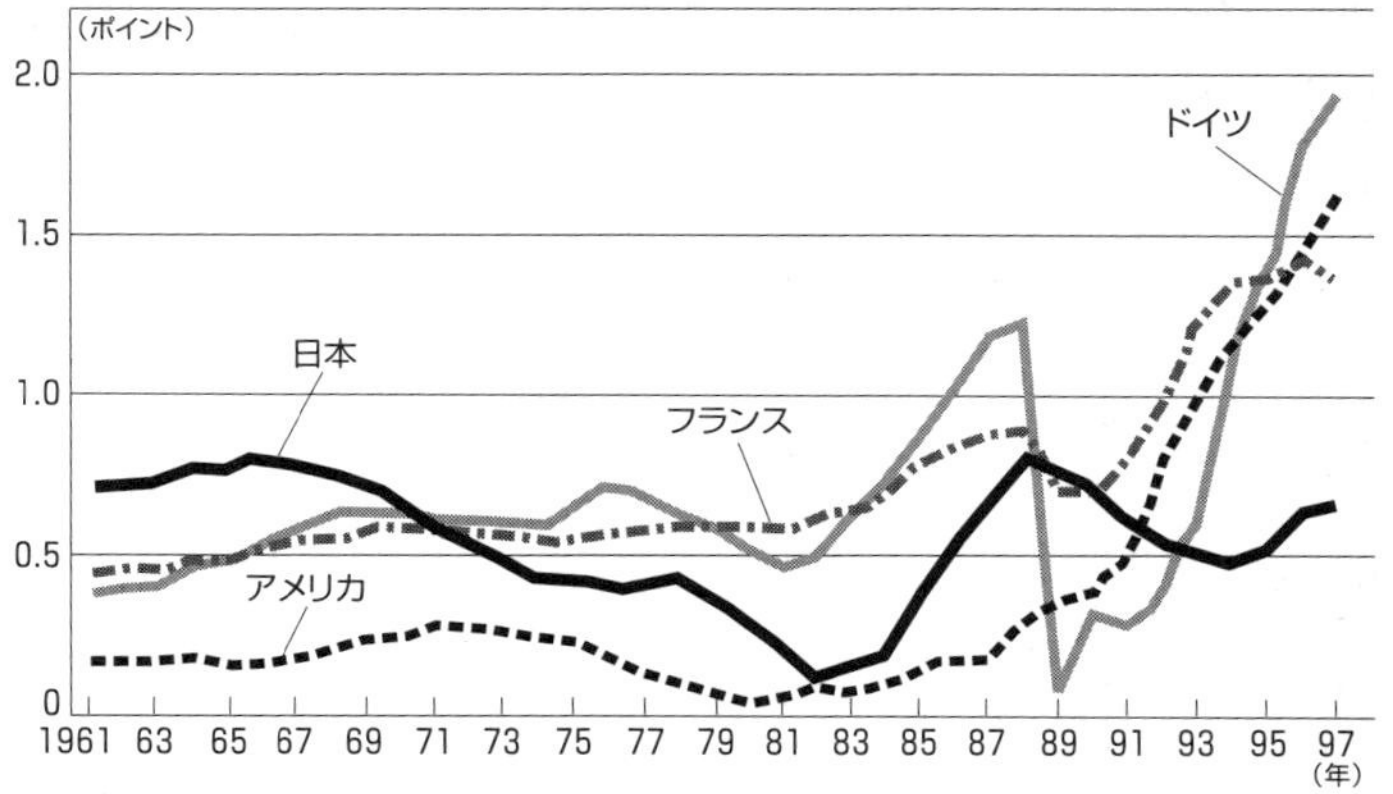

労働生産性上昇率÷労働時間あたり資本ストックの増加率、5期移動平均、資本ストックは松谷の推計、労働時間はILO:Bulletin of Labour Statisticsによる。

松谷・藤『人口減少社会の設計』より

図8　各国の労働生産性上昇率の推移

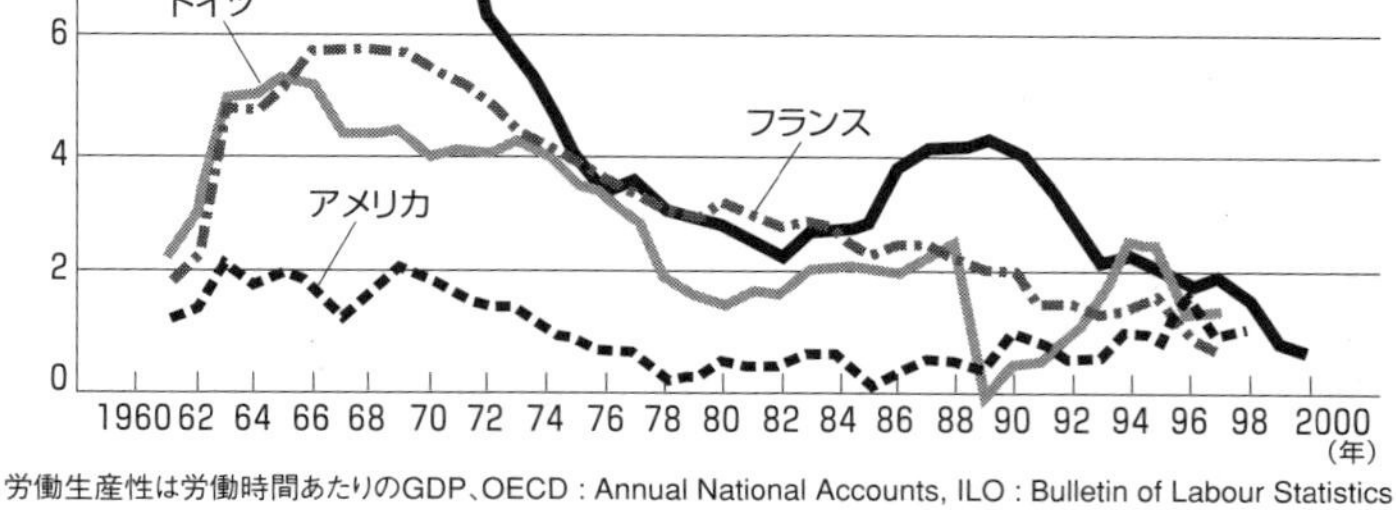

労働生産性は労働時間あたりのGDP、OECD : Annual National Accounts, ILO : Bulletin of Labour Statisticsに基づき算出。

『人口減少社会の設計』より

長期的に投資が十分な収益率を確保できるという見込みがないわけだ。

ある意味では興味深いことに、設備投資の効率性（労働生産性の上昇率を労働時間あたりの資本ストック増加率で割ったもの）は、日本の場合、60年代の末をピークとして70年代を通じて明確に低下していった。その後、80年代のバブルによって一気に上昇するものの、その後、90年代は再び低下傾向となる。したがって、バブルという異常な「水増し」状態がなければ、日本の設備投資の効率性は、70年代以降、ほぼ一貫して低下傾向にある、といってもよいだろう。これは、80年代以降、一貫して上昇傾向にあるアメリカや、80年代末の一時的な落ち込みを例外としてほぼ傾向的に上昇を続けるドイツやフランスと大きな対照をなしている。

確かに、ここから、日本の設備投資の非効率性という特殊な性格を導き出すこともできる。松谷明彦と藤正巖（『人口減少社会の設計』）は、これを、一つには日本企業の「売上高至上主義」の帰結であり、もう一つは、日本企業の技術開発力の低さと生産性の高い投資機会の欠如のためだとしている。あまりよい投資機会がないために、生産性の低い分野にしか投資されないということである。

明らかに、このような「構造的問題」はあるだろう。日本経済の持つ独特な「構造」のために、設備投資の効率性が悪化している面は否定できない。

しかし、「構造的問題」が、80年代から90年代といっそう深刻になってきたというのも少し納得がいかない。しかも90年代後半は、規制緩和や行政指導の廃止によって確実に「構造改革」は進展しているのである。もっとも典型的なのは、労働生産性上昇率で、これは先進各国とも、60年代末から、バブル期を除いてほぼ一貫して低下しているが、とりわけ日本はその低下が著しい。60年代には10%ほどであった労働生産性上昇率は、70年代に急落し、80年代後半に上昇するものの、80年代末の4%強から90年代末には1%弱まで低落する。「構造改革」が多少なりとも進展しだした90年代後半以降の低下は著しい。

こうなると、先進国、とりわけ日本では、設備投資の意欲も、その効果も、そして生産性も徐々に弱体化していることは間違いない。そして、その理由の一部が、日本経済の「構造」の問題だとしても、では、それを市場競争へ転換すれば解消するというようなものではない。「構造」といえば、ずっとこの「構造」だったからである。しかも、日本的「構造」が崩れ出した90年代半ば以降も事態は改善しないからである。

むしろ、80年代のバブル期を除けば、日本経済の傾向的な停滞化は70年代から始まっていた、というべきだろう。これは長期にわたる緩やかな傾向だ。そして、70年代以降、緩やかに停滞化の傾向を見せている、ということは重要である。このことが意味するものは、戦後復興から60年代にいたる高度成長の延長上に、経済を拡張することはもはや困難だということだ。戦後の高度成長のやり方の上に、経済生活のいっそうの向上や展開を生み出そうとしても、それは限界に達しつつある。戦後日本の「豊かさ」を支えてきた資本蓄積と成長の様式が、もはや十分な収益をあげなくなりつつあるといってよい。

「構造改革」の中で、しばしば「民活」といわれ、あたかも公共資金を市場化すれば、すぐさま「民活」が発揮されて、投資が活性化するかのような議論が横行しているが、これは正しくない。戦後作り上げ、いままで続いてきた社会のあり方、社会的価値観、成長信仰といったものを前提とした日本社会においては、もはや、民間に十分な投資意欲も収益期待も存在しないのである。その意味では、戦後日本社会の社会的枠組みのもとでは、もはや十分な「民活」を導き出せない。長期停滞のほうへ緩やかに引き寄せられているのだ。

人々は「何か別の価値」を探し求める

さて、この「民活」の不足する中で、ケインズは、民活に代わって「官活」つまり公共投資に期待した。しかし、彼は、民間投資が衰退し、それに替わる公共投資の役割を、ただやむをえぬ補完的なものと見ていたわけではない。むしろ、「豊かさ」という観点からすれば公共投資はきわめて重要な役割を果たすのである。

それは、決して、ただマクロ的数値の上で有効需要を高めるからということではなく、民間投資には期待できない社会資本や生活のインフラストラクチャーの整備を可能とするからであった。しかもその多くは、そもそも私的な利潤計算に乗らないような種類のものなのである。

さらに言えば、あらゆる物事をただ経済的な価値の尺度に従ってのみ評価しようとする資本主義に対して、ケインズは懐疑的であった。前にも引用した「ナショナル・セルフ・サフィシエンシー（国民的自給自足）」と題する論文の中で、ケインズは、都市の美観を回復し、田園のアメニティを生み出すような公共投資が必要だと述べる。その際、彼は次のように書いている。

「今日、われわれは幻滅を味わっている。しかし、それは以前より貧しくなったがためではない。それどころか、イギリスはかつてない高い生活水準を享受している。われわれが幻滅を感じているのは、何か別の価値が犠牲にされた、それも全く不必要に犠牲にされたと感じているからなのである。」

「何か別の価値」とは、決して、金銭的に評価される経済的な価値ではない。ロンドンという都市が持ちえたであろう、芸術的な美観、田園生活が保証してくれる伝統的な習慣、落ち着いた人々の交わりといったものだ。これらは、決して貨幣で計られ市場で売買されるものではない。それはもっと別の基準を持っている。そしてそれが犠牲にされ、その結果、われわれは決して「豊かになった」とは感じていないというのである。

問題の焦点はここにある。「豊かな社会」においては、人々の求めるものは、ただ物的な生産物の拡張という経済的（市場的）価値ではなくなる。「何か別の価値」を人々は探し求める。金銭のタームで計測され、市場によって評価されるだけのものではない何かを人々は模索しはじめるだろう。

そうだとすれば、このような非市場的な価値を回復するには、公共投資が中心的な役割を果たすしかない。むろん、この場合の公共投資は、従来の国土開発型で、重工業、建設業に偏ったものではない。それは、「豊かな社会」が求める「何か別の価値」を明確にし、それを実現するためのものだ。公共投資は、そもそも市場的、私的活動の利潤計算には乗らないのであり、だからこそ政府が管理して行なう必要がある。これがケインズが政府活動を重視した基本的な理由であった。

これは決して70年前に過ぎ去った話ではない。１９３０年代の大不況に際して、ケインズは、ただ短期の景気刺激政策を説いただけではなく、「豊かさの中の停滞」に陥りかねない先進国の長期的戦略を論じていたのだ。このことは今日の、われわれの置かれた状況とも決して無関係ではないだろう。

2　「消費不況」の意味するもの

何ゆえに消費は手控えられるのか

先にも述べたように、時に今日の長期不況について「消費不況」といわれる。では「消費不況」とは何だろうか。

「消費不況」論が出てきた背景はこうだ。通常、不況の際には、政府の財政政策が発動され、次のようなプロセスをへて景気回復に向かう。政府の財政拡張は雇用を拡大し、総所得を増大することで消費を生み出し、消費の拡大が企業業績を回復させ、これが企業の将来の経済見通しを改善し、設備投資を誘発する。そして企業投資がさらに総所得を増大させ、消費を引き上げる。こうして不況時に政府が財政拡張を行なえば、それが呼び水となって、民間の投資と消費を拡大し、景気は回復する。

もちろん、現実の経済は、これほど理論どおりに事は運ばない。しかし、おおよそこのようなプロセスを踏むのが通例であった。だが、今回の長期不況に関しては、10年にわたる巨額の財政支出が十分な呼び水効果をもたらさなかった、といわれる。

図9　最近の個人消費の推移

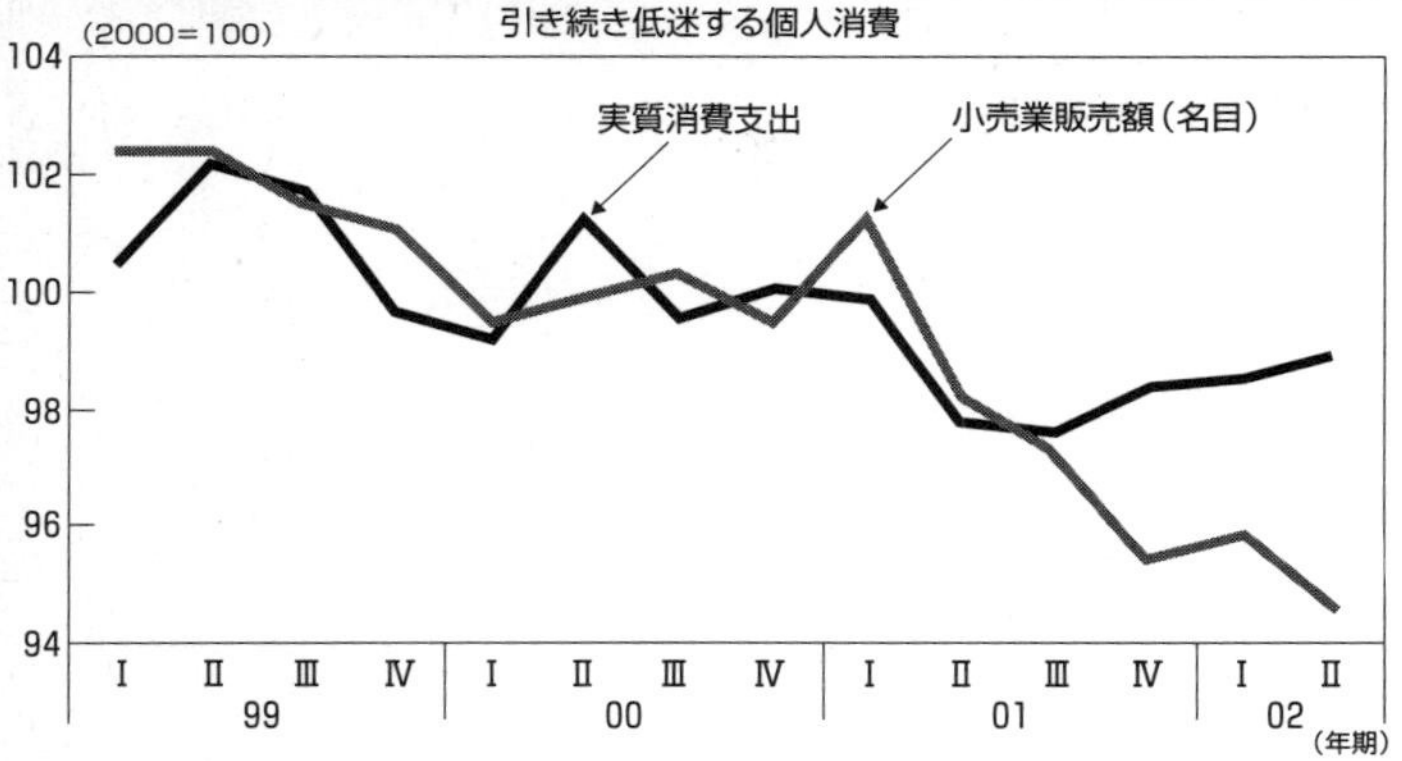

1. 総務省「家計調査（二人以上の世帯:全世帯）」、「消費者物価指数」及び経済産業省「商業販売統計」により作成。
2. 数値は季節調整済指数。

『経済財政白書平成14年』より

実際には、すでに述べたように、大規模な財政政策を行なった後ですぐに財政緊縮が行なわれているので、財政政策無効論はかなり割り引いて考えなければならないだろう。しかし、それを別としても、確かに財政政策の効果は期待されたほどではない。

では、それはどうしてだろうか。通常の景気回復過程では、財政拡張が継続的に景気を押し上げてゆくわけではない。財政政策は、いわば最初の一撃を経済に与えるのであって、真に経済を押し上げるものは、企業の設備投資と民間の消費だ。

財政拡張は刺激を与えるのであって、結局、民間の需要が活性化しないと経済は回復しない。そして、企業の設備投資は、将来の消費の増加を当て込んで行なわれるとすれば、結局のところ、問題は消費需要である。現在から将来にかけての消費の増大がなければ、景気は回復しないことになる。

実際、99年以降の小渕政権の財政拡張が呼び水となって、民間の設備投資は増加した。それに伴って景気もある程度は回復した。しかし、それにもかかわらず消費はほとんど伸びなかった。さらに、2000年以後の動向を見ても、実質個人消費は、確実に減少している。99年からすると4％ほどの減少となっている。こうして、消費の低迷が、不況の長期化から脱出することのできない一つの重要な原因である、という認識が出てくる。日本の長期的な不況の重要な要因は、長期的に消費が低迷している点にある、というわけだ。

では、どうしてこういうことになったのか。一つの理由は可処分所得が伸びないからだと考えられる。しかし、93年以降2000年までの可処分所得はそれほど大きく変化しているわけではない。また、2000年から02年にかけての世帯主の家計収入は、むしろ増加している。

GDPに占める消費割合である消費性向は、比較的長期にわたってさして変化しない。90年代の前半には、消費性向はむしろ上昇している。そこで、一見したところ消費不況は幻想のようにも見えるのだが、これは家計の所得増加率が急速に低下しているために生じたとすれば当然のことであろう。90年代の後半以降で言えば、たとえば98年に可処分所得が増加したにもかかわらず消費はあまり伸びず、またそれ以降、可処分所得がわずかに減少すると個人消費は減少している。消費性向は減少か横ばい傾向にある。要するに、所得の増加率の低下以上に消費の増加率は低落しているのである。この

図10　消費の背景：所得と消費性向

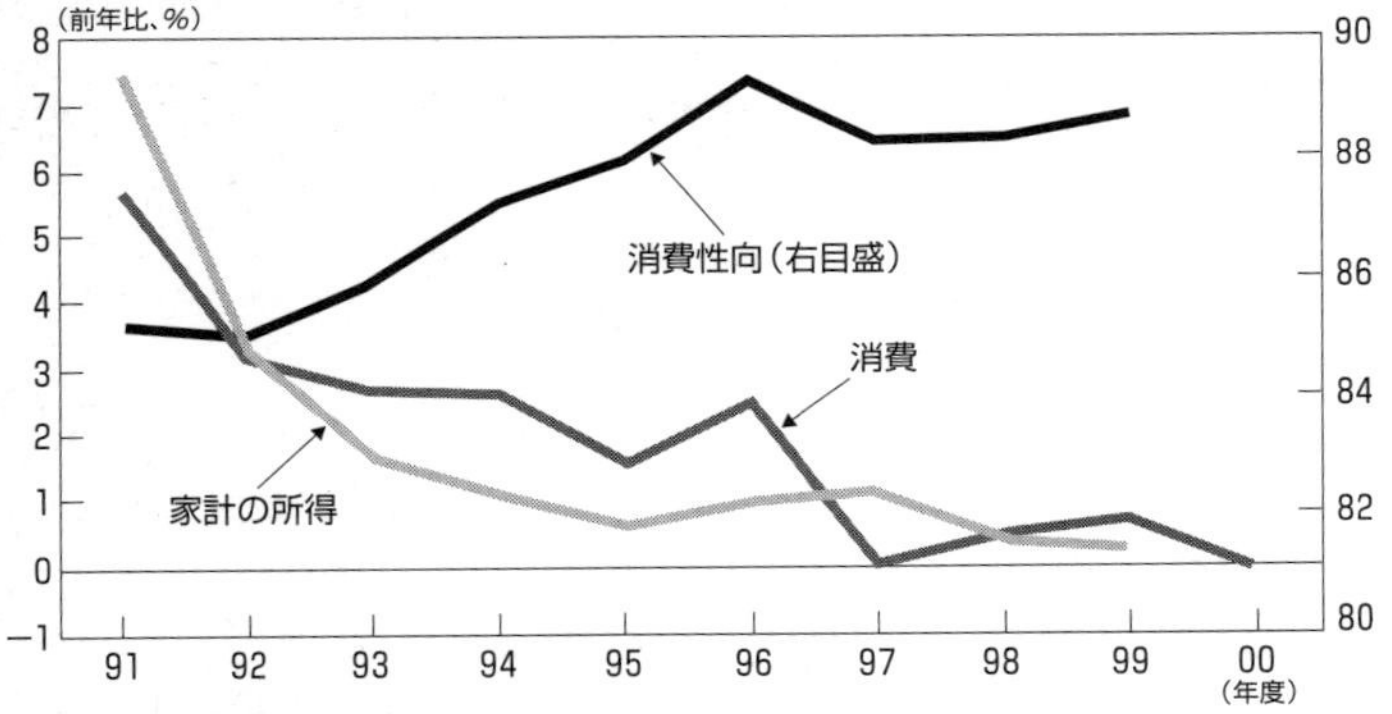

1. 内閣府「国民経済計算」により作成。
2. 消費は実質家計最終消費支出（2000年度は民間最終消費支出）の前年度比。
3. 家計の所得は実質家計可処分所得の前年度比。
4. 消費性向は、家計の所得に対する消費の比率。

『経済財政白書平成13年』より

ことをどう考えればよいのだろうか。

それは、一応、次のように考えられよう。

景気がある程度回復したにもかかわらず消費が伸びない、ということは、別の言い方をすれば、この数年、消費は所得（可処分所得）に対する弾力性を失ってしまった、ということである。

ただし注意しておかねばならないが、これはあくまで上方へ向けてのものであって、下方へ向けてではない。所得が上昇しても消費はさして増加しないのである。では、所得が減少すればどうかといえば、これは消費を減少させる。つまり、消費の所得に対する弾力性は、上方へ向けてはほぼゼロであり、下方に向けては、場合によっては1以上の効果を持っている。著しく非対称的なのである。その結果、90年代後半以降、明らかに消費による景気の下支えは弱くなっている。

こうなると、いわゆるフリードマンらの「恒常所得仮説」も役には立たない。「恒常所得仮説」は、消費は、所得の一時的な変動には影響されず、年々決まって得られる恒常所得の水準に依存するという。この考え方からすると、確かに、景気対策による所得の一時的な増加は消費を引き上げる効果を持たないだろう。だから、一時的に所得が増加しても消費が増加する必然性はない。しかし、同時に同じ理由で、一時的に所得が減少しても、特に消費を切り詰める必要はない、ということになる。下方に対する消費の減退は説明できないのである。

そうすると、結局、次のように考えるのが妥当ではなかろうか。一時的な所得の増大は、現在の日本の状況では、決して将来の所得の継続的な上昇を意味しない。しかし、現時点での所得の減少は、将来にわたっての所得の低下を予想させる、ということだ。

端的に言えば、将来の経済社会への不信感、不透明感があり、消費を手控えるといってよい。これは、アンケート調査などにおいても、消費を控える理由として「将来に備える」がおよそ50%に達する点を見てもわかるし、また個人貯金残高は、この数年、この不況にもかかわらず、着実に増加していることからもわかる。14年の『白書』でも、「将来に対する不安」による消費マインドの悪化が消費需要を押し下げていることが指摘されている。

要するに現在の時点で、モノを買うお金がないのではなく、将来に対する不安からモノを買わないということになる。これが「消費不況」といわれるゆえんだ。

消費は巨大化した経済を牽引できない

さて、問題は、この「消費不況」が現在の一時的なものなのかどうか、ということだ。確かに現在、日本経済の将来の見通しが立たず、政府は説得力あるビジョンを出せない。「構造改革」は、いまのところ、ただ失業を増加させ、中小企業をリストラさせるだけで、その先にいかなる経済が到来するのか、確たる像を示しえない。こうなれば、企業は長期にわたる設備投資を控えるであろうし、消費マインドが冷え込むのは当然だろう。

この観点からすれば、「消費不況」は、現在の一時的なもので、景気が持ち直し、将来の経済見通しがついてくれば消費は回復する、ということになる。

しかし、本当にそれで話は終わるのだろうか。何か重要なことを見落としてはいないのであろうか。一面では、確かに、「消費不況」は現在の日本の陥った経済状態の産物である（と同時にその原因である）。長期的な経済の停滞の中で、構造改革に入ったために将来の生活不安や雇用不安が生じたということだ。企業のみならず、人々の「長期期待」が攪乱され、「不確実性」が高まっているのである。

しかし、別の言い方をすれば、所得が増加するのにさして消費が伸びず、他方で所得が減少すれば消費が落ち込むという事実は、実際に、消費を削る余地がまだ十分にあることを示している。つまり、われわれは生活の必要という点からすれば、随分に「余分なもの」を買っている、ということだ。

通常の景気循環だと、景気の底を支えるものは消費であった。すなわち、所得の低下にもかかわらず人々は消費水準をそれほど低下させないというラチェット効果が働くと期待された。人々の消費は、なかば生活習慣と生活の必要によって規制されており、必要なものを買っておれば、それを急に減らすことなどできないからである。しかし、今回はラチェット効果は作用しない。すなわち、人々は、生活水準を低下させることをさして厭わないということだ。

このことは、この数年の消費の中身を見てもある程度見当はつくことで、たとえば、松原隆一郎（『消費不況の謎を解く』ダイヤモンド社）によると、近年の日本の消費の特徴は「二極分化」にあるという。つまり高級品と格安品が売れている。一方で、高級なブランド品が売れ、他方で、ユニクロに代表される「価格破壊」商品が売れる。レストランにしても、一流ホテルの中の高級店が人を呼ぶとともに、マクドナルドや吉野家の格安商品が売れるのである。

こうして、確かに、一方で、衣料や食品を中心に「価格破壊」が生じているのと同時に、どう見ても不況とは思えないようなブランド品の超高級店がオープンする。また、いくら以前に比べて安価になったとはいえ、高校生がグッチの財布やバッグを持つなどというのは世界中でもわが国ぐらいであろう。結果として、数年前までステイタス・シンボルであったある種のブランド品は、あっという間に凡庸さと悪趣味の見本のようになってしまう。そこでまた、次の新しいブランドに飛びつくということになる。

つまり、一方で、生活必要品に関しては「価格破壊」が生じ、他方で、生活物資とは全く関係のない「選択的消費」の代表である高級品は、相変わらず嗜好の対象となっている。こうなると、所得階層の分化につれて、金持ちは相変わらず高級品を買うだろうが、しかしこれまで中間的所得層であったにもかかわらず所得が低下する層は、まずはブランド品を切り詰めることになる。

一方、生活必需物資は、それほど価格弾力性が高くはないので、「価格破壊」が生じたからといって、それほど需要が増えるわけではない。かくして、総体としての消費支出は低下することになる。

ここで重要なことは、現在の日本のような「豊かな社会」では、消費は、決して景気の下支えにはならないということである。それどころか、消費は、景気を牽引するかどうかも疑わしい。

もちろん、人間の欲望が飽和し、消費が限界に達するなどということはありえない。欲望は、あらかじめある容量を持った器なのではなく、常に社会によって作り出され、植え付けられ、開発されるものである。その意味で、欲望は無限だといってよい。

しかし、問題は、欲望が無限かどうかにあるのではない。問題は、市場経済の中で表現される欲望は、「豊かな社会」においては、十分に経済を発展させるだけのものとなりうるのか、という点にある。「豊かな社会」の人々の欲望は、市場において、もはや完全雇用と成長を長期的に維持できるだけの十分な有効需要を生み出しえないのではないだろうか。そして、そうだとすれば、消費の長期的な低迷は、経済の長期停滞の原因でもあり、またその反映でもあるということになるのではないだろうか。

短期的、もしくは中期的には経済はそこそこのパフォーマンスを示すかもしれない。しかし、長期的には、消費は、この巨大化した経済を牽引するに足るものではなくなってゆくと思われる。その意味では、ここでもまた事態の認識は「構造改革」論とは違っている。

慢性的なデフレ圧力はどこからくるか

「構造改革」論は、日本経済は短期的には問題があるが、改革がなされさえすれば、長期的にはまた成長経路に乗るだろう、という。消費の失調も、せいぜい短期的なもので、長期的に消費が低迷する理由はどこにもない。潜在的にいえば消費意欲は旺盛なのであり、ディマンドサイドには問題はない。これが「構造改革」論の立場だ。だが、今日の消費の低迷は、ただ一時的なものと済ますことができるだろうか。

むろん、消費がもはや十分な水準に達するなどということはありえないし、人々の欲望が飽和することはありえない。そうではなく、消費の意味と内容が変化しつつあるというべきだろう。その結果、それはもはや完全雇用を維持するのに十分な需要を生み出すものではなくなりつつあるということだ。

そして実は、消費の低迷は、実際には、すでに80年代から生じていたことで、決して、90年代の長期不況だけの問題ではない。80年代には、過剰な流動性が消費に回らなかったために、インフレにはならずに、株式や土地の資産価値の高騰を招いたのであった。この流動性がモノの消費へ向けられておれば、大変なインフレを経験したはずである。

長期的に見れば、日本のような「豊かな社会」が、その資本ストックと労働力を使い切って生み出される富を消費しつくすのは、大変なことなのである。いくら欲望は無限だといっても、現に生み出された消費需要ではとてもこの生産力を吸収することはできない。だから、この生産水準と雇用を維持するには、巨額のかつ継続的な政府支出と海外市場を必要としたわけである。そして、政府支出も外需もいまや限界に達している。とすれば、否応なく、過剰生産能力という問題に直面せざるをえない。そして、いずれ潜在的な過剰生産という問題がある限り、経済は長期的停滞に陥らざるをえない。

丹羽春喜は、1970年代から今日まで、日本経済は、大きなデフレ・ギャップを溜め込んでいる、と述べている。もしも70年代の生産能力を維持し、その上に、実質経済成長率に占める30％の技術進歩率（技術進歩による生産性の増加）が確保されておれば、今日の生産能力は、現代のＧＤＰを30％から40％も押し上げるものであった、と計測されている。そうだとすれば、この完全雇用、完全操業にたった潜在的な生産能力からすれば、今日のデフレ・ギャップは30－40％に達することになる（丹羽春喜『日本経済再興の経済学』『日本経済繁栄の法則』など）。

そうだとすると、30－40％にも及ぶ富を失わせたものは何か。それはケインズ的財政政策を十分に発動しなかった政府の責任である、と丹羽は述べる。「構造改革論」とは真っ向から対立する見方だ。丹羽の立場からすれば、今日の不況の原因は、反ケインズ主義への転換にこそあって、デフレ・ギャップを埋めることこそが経済再生のカギだということになる。

70年代の生産能力を延長すれば、今日の現実のGDPに対して巨大なデフレ・ギャップが生じているという丹羽の指摘はそのとおりであろう。しかし、それでは、どうして30年の間に150兆円以上にも及ぶデフレ・ギャップが生じたのか。

端的にいえば、それは民間需要が不足したからである。完全雇用、完全操業によって70年代の生産能力を維持し、なおかつ技術進歩による生産性の向上を吸収してゆくためには、消費需要も少なくとも潜在的な生産性と同様に増加してゆかねばならなかった。しかし、消費需要はそれほどには増加しなかったのである。ここに問題のポイントがある。

丹羽は、だから、消費需要の不足分を政府の財政支出で補うべきだったと述べる。しかし、逆にいえば、政府が財政出動を年々増加し続けていかねばならないほど、日本の生産能力は高度な水準に達していたということである。生産能力は消費需要をはるかに超えていたわけである。消費需要を基準にとれば、生産能力は明らかに過剰だったことになる。

80年代を通じて、緊縮財政の中、この過剰な生産能力は、海外市場にはけ口を求めた。それがアメリカとの貿易摩擦を引き起こしたのである。貿易摩擦が生じるということは、言い換えれば、世界的な生産能力の過剰が見られるということだ。先進国で生じていることは、消費能力に対する生産能力の過剰である。つまり、慢性的なデフレ圧力である。

実際、この「長期停滞」へ向けた傾向は、決して日本だけのことではなく、たとえば先進国G7の平均成長率は、70年代が3・6％、80年代が2・7％、90年代が2・0％と確実に低下している。日本も、86年から90年にかけてのバブル時を除けば、成長率は確実に傾向的低下を示している。また先進国の労働生産性上昇率も、80年代後半のバブル期を除けば、一般的に60年代以降明らかに低下している（図8参照）。とりわけ、日本の場合、この鈍化は著しく、60年代では8 - 10％の上昇率であったが、70年代には平均約5％、80年代は3 - 4％、90年代後半には2％弱となる。

同様に、デフレ傾向も明らかに90年代の趨勢である。日本の消費者物価上昇率は97年の2％から99年のマイナス0・5％、2000年のマイナス0・3％、そして02年のマイナス1・5％へと低下している。消費需要の旺盛なアメリカでも、物価上昇率は傾向的な低下を見せ、2000年以降はほぼ0％となっている。

80年代後半のバブル時に、6 - 7％の成長率にもかかわらず消費者物価上昇率が1・26％（85 - 89年平均、生鮮食品除く）にとどまったということ自体、驚くべきことであろう。むしろ、過剰な流動性が消費財に回らなかったために、株や土地や絵画や特殊な贅沢品に向かい、資産インフレを生み出したのである。そして、今日の90年代末のアメリカのITバブル（ナスダック・バブル）が、必ずしも消費者物価を押し上げないのは、過度な消費需要に回るはずの資金が、むしろ株式市場へ流れているからである。こうして、先進国では消費需要に対して生産能力が過剰となっている。ここに今日の経済をめぐる長期的な問題がある。

実際には、「構造改革」も、見ようによっては、この過剰生産能力の廃棄という面を持っているともいえよう。「構造改革」が、規制緩和や公共事業の削減の果てにようやくたどり着いた過剰債務企業の整理や銀行の不良債権処理は、端的にいえば過剰生産能力の処理にほかならない。いうまでもなく、このことは「痛み」を伴う。つまり企業倒産や失業を伴う。

しかし、そうだとすれば、その背後には、今日の生産能力に対応するだけの需要をわれわれは生み出しえないという深刻な事態が横たわっている、と見なければならない。しかもそれは、決して、バブルの崩壊によってたまたま生じた短期的な経済の失調ではなく、長期にわたる日本経済の根本的な条件といわざるをえないのである。

3　必要な「価値観」の転換

人々の欲望の形が変わる

今日の日本の陥っている状態が、長期的な消費の停滞への移行だとすると、われわれは基本的な認識を改めなければならない。それは、短期的な景気刺激政策によっても解決されるものではないが、また、構造改革によるサプライサイドの強化によって解決されるものでもないからである。

それはむしろ、ケインズが問題にした、先進国のやがて直面する課題、すなわち「豊かさの中の停滞」という問題というべきではないだろうか。生産能力の過剰なまでの蓄積によって、企業の収益機会が縮小する。利子率は低下するものの企業の収益機会は、少なくとも先進国の国内市場では縮小せざるをえない。企業の投資意欲の低下は、また、消費者の消費意欲の減退を意味している。こうして、経済成長の追求の結果として、先進国は、「豊かさの中の停滞」という問題にいずれ直面せざるをえない。

だが、これは、ただ人々の消費意欲の絶対的な低下を意味しているのだろうか。人々は、現状に満足して、もはやさして何もほしいものはなくなってしまうということだろうか。決してそうではない。

人々の欲望の対象が、さらにいえば人々の欲望の形が変わるのである。欲望が急激に低下し、消費意欲を失うなどということはありえない。しかし、欲望のあり方が変化することは十分ありうる。

今日の産業社会の枠組みの中で生産され、提供され、われわれの生活環境の中に蓄積されてゆくモノに対する関心は、やがて経済成長の原動力とはならないだろうということだ。重要なのは、この「豊かな社会」では、決して人々は、欲望を失うのではなく、その主要なものが「量」から「質」へ転換するということである。これはケインズの考えでもあった。

すなわち、「豊かな社会」においては、人々は、ただ消費物資を買い込むことに関心を持つのではなく、生活の質、レジャーの過ごし方、美的な生活、手作りの（つまり生産性の低い）日常品、社交のための空間や装置などに関心を移してゆくだろう。むろん、「量の拡大」や「巨大化」に関心がなくなることはありえない。相変わらず、大規模販売店は客を集めるだろうし、巨大ビルは建設されるだろう。しかし、そうしたものが、人々の心をつかみ、社会の未来を照らし出していると思われた時代は過ぎ去った。

要するに、人々は経済の「量」から「質」へと関心を移し、市場で計測され提供されるものから、市場経済にうまく適合しないものへと関心をシフトするだろう。これがケインズの考えだった。そして、事実、われわれの社会もその方向へ向かっている。

私は、第2章で、今日の日本経済の失調は、将来の展望が描けないところからくる「長期期待」の混乱にある、と述べた。「長期期待」が混乱しているために、企業は、長期的な投資計画が立てられないのである。結果として、資金は、短期的な利得を目指して金融市場へ回ってゆく。

この場合、企業の「長期期待」を攪乱させているものは、前に述べた「リスク」ではなく「アンサーテンティ」である。ある程度、計算可能で、経済システムの中での不確実性としての「リスク」ではなく、そもそも計算可能性の基礎が失われてしまった「アンサーテンティ」なのである。

「リスク」の場合には、不確実性は経済システムの安定化とともに減少し、投資も消費も再び活性化する。そして経済システムの安定化は主として政策当局の課題である。しかも、ある程度のリスクは投資促進の誘因となる。

これに対して、「アンサーテンティ」では、市場経済のみならず社会そのものが動揺する。社会の構造や、社会を取り巻く環境の変化によって、従来の社会生活や価値体系そのものが動揺し、しかもまだ新たなそれは確立しえない、といった状態だ。この時には、通常の経済政策によって経済システムを安定化し、投資、消費を活性化することは難しい。社会システム全体の変化という視点からすれば、市場経済の不安定化は、たまたま市場メカニズムが失調したというようなものではないのである。

そして、今日の日本の問題は、ただ市場が景気変動の中で動揺しているというよりも、社会を取り巻く条件が変わろうとしている点にある。「社会」は比較的安定しており、その中で経済が失調しているというのではなく、「社会」そのものの大転換にさしかかっているということだ。この中で、大転換の予感に囚われながらも、われわれはまだ日本の社会の将来像を描くことができないでいる。その結果、「アンサーテンティ」が増大し、日本という国家・社会に対して確信がますます持てなくなっている。そのことこそが、今日の経済停滞のもっとも基軸にあるといえよう。

「量的拡大」との決別

では将来の日本社会を考える場合の基本的な条件は何であろうか。社会像の転換が要請されているのだとすれば、それはいかなるものだろうか。本書で、そこまで具体像を描くことはできない。それはまた別の仕事だ。しかし、基本的な条件については疑いを入れないだろう。

長期的に見た場合、日本の将来社会の条件として少なくとも、次の二つのことを無視することはできまい。一つはいわゆる「少子高齢化・人口減少社会への移行」であり、もうひとつは、先に述べた「豊かさの中での停滞」がそれだ。

この条件は、これまでの日本社会の基本的なあり方とそれを支えてきた価値の大きな転換を要請するものなのである。

戦後日本が追求してきた高度経済成長と拡大路線の中での近代化、富の蓄積といったことはすべて、人口増加社会であり、そして経済的な「豊かさに」人々が飢えていた状況の産物であった。高度成長を支えてきたものは、市場価値で測った経済の「量的拡大」の論理であった。これは企業にあっては、収益率や利益率ではなく、売上高と販売シェアの獲得競争であり、銀行にあっては、貸し出しの量的拡大競争であった。企業はしばしば利益率を度外視して売上高の拡張を狙った。そのため、これも収益評価とは無関係に、銀行はやみくもに貸し出しを伸ばそうとした。

こうした「量的拡大」は、決して競争を排したわけではない。むしろ、過当競争という言葉が示すように、ある意味で強烈な競争であり、この過度な競争を調整するのが、監督官庁の行政指導であった。こうした「量的拡大」の中で、企業組織は巨大化してゆき、大量生産によってマーケットシェアを確保することが競争に勝つ条件であった。

一方、人々は、日本社会の持つ同質性、平等性、無階級性の中で、生活の向上に関しておおよそ同質的なイメージを持つようになっていた。電気製品、自動車、郊外住宅、受験競争、こうした生活スタイルについての共通のイメージが、大量生産・大量販売を可能としていった。「量的拡大」を受け入れる条件が需要の側にもあったのだ。

こうして、アメリカをモデルとした「豊かな産業社会」を実現することが国民的価値となりえたのであり、それを支える人口の増加や勤勉な労働力の供給が可能だったのである。企業の年功賃金や終身雇用も、部分的には、この「拡大」の結果でもある（他の半分は、日本的価値観や文化的なものと深く関わっている）。「量的拡大」が、戦後日本の経済成長の基軸であり、それは、「人口増加」と「豊かさへの渇望」によって支えられていた。

そして、この条件が共に失われようとしている。

アメリカ並みの「豊かな産業社会」の実現は、もはや人々の共有の目標とはならない。「貧しさ」あるいは「欠乏への恐怖」が人々を駆り立てた時代は終わった。そして、現にそれを実現するだけの人口増加や発展型の人口構成は失われてゆく。集団的な勤勉の精神や「会社のため」「日本のため」という高度成長を支えたモティベーションも失われてゆく。このことは、何よりまず、「価値観」の転換を要請している。この新たな「価値」は、低成長経済への移行、さらに市場的な意味での経済的価値の見直しをもたらすものでなければならない。

言い換えれば、市場における金銭的尺度による経済拡張を無条件で肯定し、あらゆるものを金銭的なタームに還元して経済成長を実現するという従来の価値基準からの大転換なのである。戦後の日本が自明のこととしてきた、市場的な価値基準に基づく成長至上主義からの転換である。これはまた、戦後日本の、都市型生活の追求、「豊かさ」と「等しさ」の達成をほとんど国民的な合意と見なしてきた「近代化」の見直しでもある。この戦後日本の価値観からの速やかな離脱こそが要請されている。

人口減少社会へ

ところで、２００６年あたりから日本は人口減少社会に入るといわれている。現在、15歳から49歳までの女性の産む子供の平均数である合計特殊出生率は１・34で、このままの調子で減少を続ければ、

50年には、日本の総人口は９２００万ほどになると推定される。

確かに、人口推定は必ずしもあてにはならないともいえよう。70年代後半のドイツでも一時、人口減少に入った後、80年代後半からまた増加に転じた。確かにこういうケースもある。しかし、そのドイツも、05年あたりからまた減少に転じるとされている。

日本の場合、少なくとも21世紀の前半を展望した時、人口が急激に増加に転じるとは考えにくい。女性の社会進出や結婚願望の収縮から、出生率が急増するとは考えにくい。また、若年人口の減少は老齢人口の増加で相殺されると見ることも適切ではない。むしろ、高齢化社会とは、それだけ年間の死亡者数も増加するのだから、死亡者数が出生者数を上回る限り人口は減少することになる。

高齢者（65歳以上）の比率が７％以上の社会を高齢化社会と呼ぶが、ＷＨＯの測定によると、高齢化社会で出生率が２・１を超えた社会はない。また、高齢化率が14％以上の社会である「高齢社会」では出生率は１・５前後とされており、それでゆくと、すでに「高齢社会」に入った日本の出生率１・３が逆転するとは考えにくい。つまり、高齢化社会とは人口減少社会なのである。

こうした人口減少傾向は、必ずしも日本だけのことではない。先に述べたドイツ、イタリア、それにスペインは、ほぼ同時期に人口減少社会へ入る。現在の合計特殊出生率は、およそドイツ１・３、イタリア１・２、スペイン１・２、そしてイギリスとフランスが１・７である。これらの国は、おしなべて高齢化率が14％を超えた「高齢社会」であり、他にスウェーデンなどもそうであるが、日本も、ようやく（?）ヨーロッパ並みの老人社会へと移行することになる。

ちなみに、他の主要国の合計特殊出生率は、アメリカ2、中国1・9、ロシア1・3であり、アメリカの高齢化率はおよそ12・5％、中国は6％、インドは4・5％といったところである。こうした人口構造ひとつとっても、21世紀の日本は、アメリカや中国、インドなどとは基本的に異なった条件のもとに置かれている、といわねばならない。イスラム諸国は、たとえばサウジで特殊出生率6・3、イラン5・3、パキスタン5・9とおおむね5～6の範囲にあり、またアジア諸国ではベトナム3・4、マレーシア3・6、インドネシア2・9とおおよそ3前後となっている。いうまでもなく人口爆発といった状態で、宗教や社会構造を別としても、これも日本とは全く異なった状態にある。

ハンチントンは、イスラム圏の人口爆発をもって「文明の衝突」の一因としているが、確かに人口動態ひとつをとっても、西欧型先進国とイスラム、アジア圏とは状況が異なっている。21世紀を展望する場合、日本は、アメリカや中国、アジア圏などとは、異なった構想と戦略を持たねばならないのである。

「成長経済」から「定常経済」へ

それでは、人口減少社会とは何を意味しているのだろうか。いうまでもなく、これは縮小経済の時代である。ただ縮小といっても、一人当たりのGDPが減少するわけではないし、実際に国民の生活水準が継続的に低下するわけではない。一人当たりの生活が決して「悪く」なるわけではない。

経済成長率は、労働人口の増加率と労働生産性増加率を足し合わせたものであるから、仮に、労働生産性上昇率を90年代の平均で１・３％とし、労働力人口の減少率を多めに見積もって仮に０・５％とするなら、経済成長率は０・８％となる。これでも一人当たりのＧＤＰは確実に増加する。むろん、経済規模が大きくなればなるほど、現状の経済状態を維持するためのリプレイスメント・コストは増大するが、それを差し引いても、国民生活は悪化するわけではない。

しかも、当然のことだが、ＧＤＰとは、一年の間に新たに付加された価値の市場的評価であるから、ＧＤＰ成長率がゼロであっても、新たに付加される価値がゼロになるわけではなく、付加される価値の増加率がゼロになるだけのことだ。

だから、０・８％の成長率は、決して、文字通りの意味で「縮小」などではない。「平成不況」の10年の平均的な成長率は０・６％である。したがって、成長率で見る限り、現在の状態は異常なものではなく、長期的な趨勢を反映しているとみなす必要があるだろう。

それにもかかわらず、確かに、90年代後半の日本の労働生産性は、欧米諸国に対して著しく低くなっているし、また、労働人口の低下率も高い。松谷明彦、藤正巌『人口減少社会の設計』（中公新書）によると、２０００年で、日本の生産人口増加率はおおよそマイナス０・３％、アメリカのそれはプラス１％、フランスでプラス０・４％である。

同書によると、日本の場合、さらに総労働時間の減少率が著しく、今後30年で、20％弱の減少となると見込んでいる。これだけの労働投入の減少に直面するのは確かに日本だけであろう。もし同書の推計が正しければ、08年以降、日本経済は継続的なマイナス成長に入ることになる。

そこで、長期的に実質国民所得の成長率ゼロの状態を「定常経済」と呼んでおけば、21世紀半ばまでに日本経済は「定常経済」へと推移してゆくことになる。もっとも、新たな技術革新は生まれ、新たな商品は開発される。経済の中での産業分野の転換や企業の盛衰はいくらでも生じる。その意味で、「定常経済」といっても変化のない社会ではない。しかも、ゼロ成長でも決して生活水準が一定になってしまうわけではない。「定常経済」とはいえ、生活状態はよくなるわけである。ただ、マクロ的に経済の全体像を見た場合、それは、経済が量的に拡大し、そのことが国民的な価値の基軸を作っていた「成長経済」ではないのである。

そこで、「定常経済」では、従来の「成長経済」の考え方は破棄されなければならないし、また「成長経済」にあってはじめて可能だった生活の構造は大きく変化することになる。だから、経済システムの設計は、こうした条件の変化に対応する形で行なわれなければならない。

「近代化」に代わる新たな価値

「成長経済」から「定常経済」への移行によって何が変わるだろうか。

すでに述べたように、戦後日本の経済発展は、量的な拡大による成長追求であった。地方への公共事業の誘導も含めて、国土開発を中心にすえた量的な拡大競争による経済発展である。この中で、地方を都市化し、地方と大都市を結びつけ、地方都市を「ミニ東京」と化していった。戦後日本の実現した生活の利便性や画一性（どこへ行っても同じようなマンションがあり、コンビニがある！）はこうした開発主義の成果であった。と同時に、景観破壊、地方の環境劣化、都市や街の個性の喪失、地域コミュニティの崩壊はその代償であった。

戦後の日本は、こうした代償を払って「豊かさ」と「等しさ」を追求することを暗黙の価値としていた。これをわれわれは「近代化」と称したのである。そして、「近代化」は、保守政党、革新政党を含めて共通の政治的合意であり、いってみれば、暗黙の国民的合意であった。

だが、それらは、あくまで、人口が増加し、新たな技術導入の成果が着実に経済成長に反映されるような社会での合意である。人口増加と物的な豊かさへの貪欲な志向性がある社会、そこでは、人口の増加が一方で生産拡大に寄与し、他方で市場の拡大をもたらす。そして両者が相まって高い労働生産性を確保し、賃金上昇を可能とする。こうした「循環的拡大」の中で、継続的な賃金上昇や長期雇用といった、いわゆる日本的経営慣行の条件も作り出されていったわけである。それらは、「人口増加」と「物的豊かさへの欲望」が機能していたおかげで可能だったわけである。

「定常経済」とは、このような条件が失われてゆく社会だ。この社会では、量的な拡大を目指した経済拡大主義は機能しない。政府の公共事業と民間の建設業を組み合わせて国土開発を行なう開発主義も機能しない。いわゆる日本的経営も修正を迫られることになる。

とりわけ、「成長経済」から、「定常経済」への移行期は、「成長経済」の中で蓄積された過剰な資本、設備、人員の整理を要求されることになる。その過程で増大する不良債権処理を行なわなければならない。とくに、80年代のバブルに踊って量的な拡大に奔走した日本経済の水ぶくれを解消してゆかねばならない。これが、現在「構造改革」の名のもとに遂行されていることだと見ることもできる。

しかし、いっそう重要なことは、過剰生産能力の処理という「構造改革」の先に、「定常経済」の図像を描き出すことである。「定常経済」とは、組織の巨大化とマーケットシェアの拡大を目指す量的拡大の競争からの転換にほかならない。それはまた、組織の拡大によって安定した雇用が保証される時代ではない。公共事業に関わる補助金によって地方に金銭を散布すれば地方経済が支えられた時代ではない。

ここで問われているのは、物的な市場価値を拡大する豊かさから離脱した「新たな豊かさ」の再定義だ。そしてそのことは、「成長経済」の中における「豊かさ」や「等しさ」に代わる、つまり戦後日本の「近代化」の価値に代わる新たな価値を創出することなのである。

この新たな価値の創出は、市場競争によって自動的に出てくるものではない。「グローバル・スタンダード」を導入すれば実現するものでもない。シュムークラーが『選択という幻想』(青土社)の中で述べていることだが、市場は自由な選択を実現するというが、われわれは決して、われわれの住みたいような社会を、市場によって自由に選択できるわけではない。「市場システムによって、われわれが自分たちの運命を自由に選べるというのは幻想である」（シュムークラー）といわねばならない。

市場の自由選択とは、せいぜい、ある種の商品のセットを与えられたそのメニューについてのことだ。ところが、このセットの中から特定のものを選んでいるうちに、われわれは、いつのまにかあるシステム、ある社会を意図せずに選択してしまっている。

たとえば、多様な自動車の中からあるタイプの自家用車を選択しているが、その結果、われわれは、狭い道に各種の自動車が入り込んでくる「自動車社会」を意図せずに選択してしまっている。このことは、ライフスタイルや時間感覚までも変えてしまう。公共交通機関や歩行者に便利な商店は姿を消し、郊外型の大規模ストアが出てくる。歩行者が近所の商店街へ出かけるのと、休日に自動車で郊外へ出かけるのとでは、生活感覚、時間意識、社交の様式、などが変化してゆく。だが、こうした変化は、決して、誰もが意図して選択したものではないのである。

にもかかわらず、この帰結は、個々の商品の市場による「自由な選択」の結果と言わねばならない。こうして、市場は、「自由な選択」という名目のもとに、誰もが選択したわけでもない、ある社会を作り出してしまうことになる。

しかし、ポスト成長経済の社会では、あらゆることを市場の決定に委ねるわけにはいかない。社会の設計までも、意図せざる市場の結果に任せるわけにはいかない。人々は、今日むしろ、いかなる社会空間、生活環境を選好するかを決定したいと考え出しているからだ。結局、われわれは、「定常経済」への移行を、市場に委ねるのではなく、われわれの手で誘導してゆかねばならない。そのためには、「定常経済」へ向けた価値の創出という作業を避けて通るわけにはいかないのである。

むろん、この「定常経済」への移行は容易なことではない。これは、バブル崩壊後のストック調整や不良債権処理といったこととは、本質的に異なった事態だ。景気の一時的な低迷をもたらしているストック調整や過剰債務の処理ではなく、経済構造変化の長期的な趨勢への適応なのである。だからこそ、いま求められているものは、ただ、やむをえず低成長経済へ移行することではなく、それを積極的に支える価値なのである。

その上で、成長率の低下をマイナスとして捉えるのではなく、むしろ、そのことも組み込んだ新たな社会像を提示していかなければならない。それは、成長経済と市場原理を無条件によしとする従来の産業社会の価値基準からの離脱である。

こうした「新たな社会」への転換を、ここで「ポスト工業社会」への転換といっておこう。市場競争のもとでの経済成長の追求、安価で便利な大量生産とそれを支える大量消費という様式は「工業社会（産業社会）」のものだからだ。「人口減少社会」と「豊かさの中の停滞」が工業社会から「ポスト工業社会」への転換を要請しているのである。だが、「ポスト工業社会」を支配する価値とは何であろうか。そのことを、「古典的な」ポスト工業社会論を展開したダニエル・ベルの『脱工業社会の到来』へ立ち返って考えてみよう。

4 「ポスト工業社会」の課題は何か

情報・知識が決定的優位性を持つ

ダニエル・ベルの『The Coming of Post-Industrial Society』が出版されたのは1973年であった（翻訳は75年、ダイヤモンド社刊『脱工業社会の到来』）。この時期は、ちょうどニクソン・ショックからオイル・ショックへという時期であり、アメリカ経済は、ベトナム戦争下での財政赤字、ドル価値の低落などに顕在化するような経済力の急速な低下にあえいでいた。同時にまた、経済成長のもたらす環境破壊や公害に対する社会的な意識が急速に高まっていた。つまり、戦後の先進国を支えてきた高度成長経済の基本構造が崩れつつあった。こうした中で、ローマクラブの『成長の限界』（72年）、シュマッハーの『スモール・イズ・ビューティフル』（73年）なども書かれたのであった。

ダニエル・ベルの『脱工業社会の到来』にも、確かにこのような時代の刻印は押されている。それを時代の産物と見なすこともできなくはない。しかし、この書物は、なにせ、著者自身の言葉によると、いままさに始まろうとしている社会構造の巨大な変化、そして今後30年から50年の間に引き起こされる変化を描き出そうとしたものなのである。

73年の時点から計算して、「今後30年から50年」であるから、まさに現在から始まる社会変化だということになる。それは、いま、われわれが蒙《こうむ》りつつある、もしくはその序幕を切って落とそうとしている変化をスケッチしようとし、それをベルは「ポスト工業社会の到来」と呼んだわけだ。この「ポスト工業社会」において、彼がいうには、「私が強調したいことは、その（変化の）結果は、各社会の持つ相異なる政治的、文化的構成に応じて社会ごとに異なったものとなるだろうということである」ということであった。

ポスト工業社会とは、端的に言えば、物的エネルギーや物的資源ではなく、情報・知識が決定的に重要な役割を果たす社会である。「工業社会は〈エネルギー〉によって、脱工業社会は〈情報〉によって特徴づけられる」といってよい。そして、日本を含めた先進諸国は、21世紀には「情報・知識」が決定的な優位性を持つ「ポスト工業社会」に移行するのであり、しかもその社会は、それぞれの社会の持つ異なった「政治的、文化的特質」に応じて、異なった多様な社会を作り出すだろうという。

これは一見したところ、今日、われわれが想定している社会像とはかなり異なっている。今日、われわれは、市場競争という「グローバル・スタンダード」のもとで、それぞれの社会の「政治的、文化的特質」にもかかわらず、市場経済の同質性、連続性を求めている。そして、市場競争がグローバルに共通なコスト原理を持ち、技術の同質化や労働力の均質化をもたらすとすれば、われわれは、それぞれの「特質」に応じた多様な社会どころではなく、むしろ、きわめてよく似た社会の到来を期待している。

確かにベルは、その後に生じた社会主義の崩壊や市場のグローバリズムなどを、全くその視野に入れていない。それは、ベルのこの「予言」の時期には、まだ彼のあずかり知らない出来事だった。だから、グローバリズムがもたらす市場化の圧力や、あらゆる先進国の市場経済への収斂《しゅうれん》を、ベルは過小評価したということはできよう。

しかし、もし仮に、社会主義の崩壊や市場のグローバル化を視野に入れたとしても、彼の議論の本質的な点は決して大きな変更を受けるとは思われない。物的資源やエネルギーによって生産活動の増大と効率化を目指す「工業社会」から、知識・情報を中心とする人間の関係や協調に社会の焦点が移行する「ポスト工業社会」への移行という彼のテーゼそのものは、いまやまぎれもなく現実のものとなりつつあるからだ。

ベルの予言は、はずれたのか

ではベルが描き出した「ポスト工業社会」とはいかなるものだったのだろうか。

基本的な点は次のことだ。物的資源とエネルギーの効率的配分によって経済効率と成長を第一義とする「経済的様式」から、知識や情報による社会的な問題解決という「社会的様式」への関心の変化こそが「ポスト工業社会」だというのである。

工業社会にあっては、技術革新の中心は常に物的な生産の拡張と効率化へ向けられてきた。鉄道、汽船、電気、電話から自動車、ラジオ、テレビ、航空機、そして大量生産方式や機械的生産ラインなど、基本的に物的生産の次元における経済の拡張こそが主要な関心であった。これに対して、ポスト工業社会では、環境、健康、生活のアメニティ、交通システムなどといった、しばしば利害の対立を含む社会的な問題に対して、専門的な知識や情報が動員され、結合され、それによって「公共的計画」の実現がはかられる。

この中で、人々の求めるものも変わってくる。関心が物的な「量」の拡大から、生活の「質」へと変わってくる。人々は、たとえば、自動車そのものを求めているのではなく、自動車を有効で快適に使えるような生活のシステム、交通（道路）のシステムを求めるようになる。つまり、ただ安価で便利な自動車という商品ではなく、その自動車を使った快適なドライブ、レジャー、車を介した家族や友人と共有する時間を求めるようになる。

こうした社会では、問題は、ただ車を大量に生産するだけではなく、駐車場を完備し、機能的に移動できる都市空間をつくり、道路事情を改善して移動性を高め、必要な高速道路を整備し、郊外のレジャー施設の充実や、またレジャーを中心とした生活の設計を可能とする体制をいかに生み出すかに移行するだろう。すなわち、モノを大量に提供するのではなく、そのモノを有効、快適に利用できる

「システム」をいかに設計するかということだ。

しかもこのことは、モータリゼーションがもたらす環境悪化をいかに防ぎ、環境との調和を保ち、さらに公共交通機関との連結や調和を生み出すシステムを作り出すことでもなければならない。つまり、それは、ただ「自動車」を生産することではなく、「自動車社会」をいかにレイアウトするかということでなければならない。

また、同様のことは、医療についてもいえる。ポスト工業社会の医療において求められることは、ただ病院を増やし、医療の種類を多様化し、さらには、医療の「効率化」のために医療を市場化することではない。それは、大病院、緊急病院、最先端医療設備、実験的な治療、地域の開業医、それにホスピスなどを有機的に結合して有効な医療を可能にするシステムを作り出すことである。個々の医療機関を市場化して競争させ、それによって医療の効率化をはかることが重要なのではなく、多様な病気や予防に対して適切に対応できるシステムを生み出すことなのである。

むろん、ここには、老人のケアや介護のシステム作りも含まれる。しかも、これらのケアや介護は、ただ物質的な意味での設備だけではなく、人々の交わりの中でのそれである。つまり、コミュニケーション・システムの構築と一体となったケア・システムが問題なのである。

また、情報機器にしても、ただパソコンを各家庭に提供すればよいというものではない。人々が求めているのは、ここでも、インターネットを使用することによって、たとえば在宅での仕事が可能となり、高齢者にとっても仕事ができるようなシステムである。あるいは、インターネットによって人々がつながり、一種の自発的組織や共同活動が可能になるようなシステムを作り出すことなのである。これは、ただ、市場原理の中で提供されうる問題ではないのである。システムを作り出すためには、まずは「公共計画」がなければならないからである。

こうして、ベルのいう「公共的計画」がポスト工業社会の中心でなければならない。「市場競争」ではなく、「公共計画」こそが必要とされる。市場競争は、むろん不必要なのではなく、一定の「公共計画」に誘導される形で実効性を持つことになる。したがって、「公共計画」か「市場競争」かという二者択一は正しくない。「公共計画」という「幹」ができてはじめて、それに枝葉をつける市場競争原理が有効に作動する。

経済的様式は、効率性や機能性を重視する。これに対して、社会的様式は、確かに能率の低下や生産の減少などを伴うものの、それに代わって、社会的に定義された価値を実現する。「公共計画」は、社会的な価値を実現するために、意識的な選択と計画を要求するのである。

だから、ポスト工業社会では、工業部門の経営者や技術者、労働者に代わって、公共計画に参与する専門家、科学者、社会工学的な技術者の役割が決定的となろう。様々な専門的知識を結びつける新たな「専門者階級（プロフェッショナル・クラス）」が社会の心臓部を占めることになるだろう。

これがベルの「予言」であった。

今日、この「公共計画」への移行というベルの「予言」も、一見したところ見事にはずれたように見える。「公共計画」どころか、ますます私的利潤を目的とする市場競争が価値の中心に置かれている。

しかし、そう断定するのは早急だ。なぜなら、明らかに、われわれは、もはや20世紀の資本主義を主導してきた大量生産技術と大量消費による高度な経済成長という「経済的様式」をこのまま続けてゆくことはできないからである。そして、ベルの「ポスト工業社会論」の背景には、物的な次元での経済成長の追求が、もはや人々の主要な価値にはなりえないという見通しがあった。経済的効率性の追求、生産性の追求、成長の追求がもはや第一義的な価値にならないとすれば、それに代わる社会的な価値を決定しなければならない。それを決定するには公共計画がなければならない、ということだ。

「ポスト稀少性」社会

ここで次のような疑問が出てくるかもしれない。それは、高度な先進社会は、あの経済学の永遠の問題、つまり「稀少性」の問題を果たして解決したのか、という問いだ。「ポスト工業社会」において、利潤追求型の経済がもはや中心的な問題とはならなくなるということは、あの「稀少性」の問題がもはや決定的なものとはならなくなったということではないのか。これは意味のある問いである。

ケインズは、主要な経済学者としては、「経済的様式」の追求が、やがてとてつもない過剰な生産力を生み出すことを指摘したおそらく最初の経済学者であった。少なくとも、彼は、やがて資本主義においては稀少性は第一級の問題ではなくなると「予言」した。それも皮肉なことに、30年代の大不況の真っ最中にである。

彼は、「複利の力」こそが資本主義の本質であるという。仮に年々３％ずつ資本ストックが増加するものとしてみよう。資本ストックの増加が生産の増加に直結しているとすれば、「複利の力」は、24年でその国の経済の大きさを二倍にするのである。ベルの予言がなされた時点から、仮に成長率が平均３％であったとしても、すでにわれわれは二倍の生産力を持っているのである。そして、経済の大きさは加速度的に高まる、というのが「複利の力」である。

こうしてケインズは、やがて近いうちに、稀少性に特徴づけられた経済的問題は第一級の問題ではなくなる、と予言した。

しかし、また同時にケインズは述べる。その時に、われわれは本当の問題に直面するだろう。経済的価値に代わる別の価値をわれわれは手にしていないからである。生きるために物を作るという「伝統的問題」から人類は解放されることになる。「経済的懸念から解放された自由」をどう使うかという課題にはじめて直面する。だが、一体、時間をどう使うのか、余暇をどう過ごすのか、人々とどうつきあうのか、われわれには、この「ポスト経済成長」の社会を主導する価値観は準備されていない、という。

これはいささかユートピア的なイメージである。空想的にさえ聞こえる。だが、かつてマルクスさ

え も、資本主義の持つ驚異的な生産能力に対して驚きの念を隠そうとはしなかった。それから１００年もたてば、われわれがもはや「ポスト稀少性」の社会にいるのだという主張が出てきても不思議ではない。１９５８年にデービッド・リースマンがはじめて「ポスト工業社会」の概念を使った時、彼は、それをほとんど「ポスト稀少性の社会」という意味で論じた。ベル自身が「ポスト工業社会論」を展開しだすのは62年だが、この時にも、同様の観念が念頭にあったことは否定しがたい。

ベルは『脱工業社会の到来』の中で、あらためて稀少性の問題について論じている。そこで彼は、次のようにいう。

物的な意味での稀少性、つまり人々の生存・生活の必要に対して物的欲望を充足するという意味の「工業社会」の稀少性はもはや問題ではない。この意味での「稀少性」は本質的に19世紀の観念であり、その観念が持ち越されたために「豊饒性《ほうじょう》」が「稀少性」の反対概念とされてしまったのである。この意味での「稀少性」はもはや問題とはならない。

しかし、「稀少性」の語を、様々な資源の相対的な重要性を計る尺度だとみなせば、ポスト工業社会は、新たな意味での稀少性を導入していることになる。それは、情報、調整能力、それに時間、という稀少性である、とベルは考える。物的資源に代わって、専門的知識や情報、それに社会的な調整能力などが稀少性も持つようになった、ということだ。

新たな稀少性はシステムへと向かう

ベルの議論は、稀少な資源が、物的なエネルギーや労働力から、専門的知識や情報能力、社会的調整力といった「知的、社会的能力」に移行したことを述べたものである。この新たな稀少性は、「経済的価値」を生み出すがゆえに稀少なのではなく、「社会的」に有益だから稀少なのである。そしてこれは重要な論点である。稀少性が消滅したのではなく、稀少性の定義される場所が変わったのである。

もっとも専門的知識がそのままで正しいという理由もないし、それがそのまま社会に適応されればよいというものでもない。重要なことは、それらの活用が、ある種の「信頼」を得ることができるかどうかなのである。専門的知識がただ専門的であるとか、科学的であるとかいうだけでは「信頼」を得ることはできない。

ベックが『リスク社会』（邦訳、法政大学出版局）において論じたように、ポスト工業化社会になり、知識の重要性が増せば増すほど、専門的知識がむしろ社会に不安を与え、リスクを植え付ける源泉ともなる。たとえば、狂牛病の原因はよくわからない。だから、人々は「専門家」の意見を聞こうとする。しかし、「専門家」の中で判断が分かれ、専門家の分析がかえって不安とリスクを高めてしまうのである。あるいは、日本のかつての厚生省の薬害エイズ問題にせよ、血液製剤が安全だとする専門家の鑑定が結果的に薬害エイズを生み出した。こうして、専門家の意見がかえってリスクを生み出すことがありうる。「専門知」が重要となるポスト工業社会になればますますこうした事態は予想されよう。

この中で、専門的知識のシステムを機能させるものは、専門家集団に対する「信頼」だけである。そして、この「信頼」は、専門家集団が、ただ特定の分野の専門家であるだけではなく、常識に支えられた実践的感覚の持ち主であり、一つの社会の歴史的な知恵を内包した知識の体系を持っている場合に限られるであろう。この時には、専門知は人々の「信頼」を得ることができる。その場合には、ある種の知識は、社会的に有意味であろう。

一般的に、人間の間の関係（ヒューマン・リレイション）によって媒介され、活用され、社会化される知識やネットワークが重要になる社会においては、人間の間をつなぐ「信頼」がきわめて重要なものとなる。「信頼」を生み出すシステム、「信頼」を生み出すネットワーク、そして「信頼」を生み出す個人的能力、こうしたものがポスト工業社会においては、かつてなく稀少性を持つことになる。

稀少性は、常に、人々のほしがっているもの、必要としているものとの関係で定義される。その意味では、日常的な雑貨や電気製品や情報機器や住宅などが稀少でなくなることはありえない。それらは常に人々の欲望を刺激し、生活の必需品であった。これからもそうである。

しかし、決定的な点は、ポスト工業社会への移行の中で、新たな稀少性は、こうした商品にではなく、それらを有効に使いこなせるシステムへと向かう、ということだ。それゆえこの稀少性は、システムを設計し、作動させるような「知識」や「判断力」へ向かう。新たな稀少性がもたらすものは「経済的効果」ではなく「社会的効果」なのである。工業社会的な意味でのモノの豊かさという点では、稀少性はもはや決定的な問題とはならないのであり、工業社会という点では、われわれはもう「ポスト稀少性の社会」へ移行したということである。知識、情報、調整能力といった「新たな稀少性」は、この「ポスト稀少性の社会」において発生しているのである。

第6章　「ポスト稀少性社会」への戦略は可能か

1 「ポスト稀少性社会」への移行

見当たらないポジショナル・グッズ

「ポスト工業社会」においては、民間の経済活動は、もはや高度な成長をもたらすようなものとはなりえない。「豊かな社会」においては、「稀少性」の意味が変わってくるのである。私的な消費財という意味では、食品、衣服、それに電気製品、自動車、ぜいたく品と、われわれは、ほとんどありあまるほどのモノの山に取り囲まれているし、それを生み出す十分な生産能力も持っている。90年代以来、長期不況が続くといっても、それでも、日本のGDPは、80年の2倍の規模に膨れ上がっている。先進国全体においても、いかに成長率が低下傾向にあるといっても、経済成長の成果は著しい。今日の先進国全体の状況は、むしろ生産能力の過剰に、市場が、すなわち消費者の欲望がついていかない点にあるといったほうがよいだろう。これが、市場を求めて、世界的に過剰な競争状態を生み、世界的デフレ傾向となっている基本的な理由だ。

では、われわれは、全く満たされ、もはやあらゆる局面で快適に生活しているのかというと全く違っている。われわれは、私的な領域ではモノをありあまるほど手にしているが、それを有効に使うシステムは持っていないし、さらに健康の維持、他人との交わり、ゆったりとした時間、歴史的なものとの出会い、介護や医療のケア、こうしたことを可能とするシステムを持っていない。そして、そうしたものに、われわれは飢えている。しかし、これは、通常いうところの「稀少性」とは少し異なっているのである。

また、それらのシステムの設計は、市場競争の中から出てくるものではないが、また、旧来の福祉政策などによって可能となるものでもない。市場競争中心の新自由主義政策からも、また、福祉重視の左翼的な社会民主主義政策とも異なっている。その意味では、「ポスト工業社会」は、従来の左翼と保守といった左右両翼のイデオロギーの組み替えをも必要としているのだ。

ところで、イギリスの社会学者で、ブレア政権のブレーンも務めるアンソニー・ギデンズは、今日の「ポスト工業社会」のことを「ポスト稀少性社会」と呼んでいる(Giddens "Beyond Left And Right" 1995)。先進国の工業化が十分に進展した後にくるのは、「ポスト稀少性の経済 (Post-scarcity Economy)」だというのである。「ポスト稀少性」といっても、むろん、稀少性の観念がなくなるわけではない。人間の欲望は無限だとはいわないにしても、次々と新たな欲望が開発されるのは当然のことだ。その意味では、決して、人間は稀少性から解放されることはありえないし、また、「稀少性の科学」である経済学からも解放されることはありえない。

しかし、これまでの先進国の中心的な課題であった生活の基本物資を確保するという意味では、われわれは十分に豊かな社会になっている。それにもかかわらず、われわれが稀少性から逃れられないのは、ギデンズが言うように、仮に、経済的豊かさを達成したとしても、次にわれわれは社会的な地位に伴う財貨、つまり「ポジショナル・グッズ」を求めるからにほかならない。要するに、人間は生活のレベルでまず基本的な豊かさが達成されれば、次には、「より良い生活」「人より良い生活」を求めるものだ。

ところが、従来の工業社会型の成長追求経済は、この「良い生活」を容易にはもたらしてくれないのである。

大量生産・大量消費によって可能となった「皆と同じ」画一的な生活は、決して「もっと良い生活」をもたらしてはくれない。電気製品や自動車にあふれた社会、同じようなマンションや郊外の建売住宅、街のいたるところにあるファースト・フードやファミリー・レストラン、日常雑貨を山積みしたディスカウント・ストア、舶来のブランド物バッグを投げ売りのように扱うインポート・ショップ、こうした物資は、もはや、われわれに十分な満足を与えてはくれない。

それらは、確かに生活の便利さをもたらした。しかし、決して「地位を示す商品（ポジショナル・グッズ）」とはならない。ブランド物も、限られた者しか所有できないからブランドなのであって、ブランド・ブームにのって少し所得に余裕のある者なら誰でもが買えるようになれば、もはやそれは「ポジショナル・グッズ」にはならない。こうした大量生産から生み出された生活の便利を実現する消費物資は、もはや真の意味では「稀少性」を持たない。人間は、稀少性の中で生きているのではなく、稀少性を求めて生きているのであり、もっと言えば、活動するために、稀少性を作り出すのである。

工業社会の物的豊かさが達成された後にくる稀少性とは何だろうか。人は、絶えず「より良い生活」を求め続け、そのために絶えず新たな「稀少性」を生み出してゆく。今日、新たな稀少性を構成するものは、繰り返すが、健康であること、豊かな環境、親密なケア、ゆったりした時間、他人や家族とともに過ごす社交の時、こうしたものだ。これらは、物質的生産の効率性の追求によって充当されるものではない。それらは、工業社会の基本的な価値観である経済成長主義、効率第一主義とは異なった原理に基づいているのである。

「生産性主義」からの解放

むしろ、効率性の追求が、ポスト工業社会の「良い生活」の妨げになるかもしれないであろう。そこで、ギデンズは、工業社会の効率第一主義を「生産性主義（productivism）」と呼び、「生産性主義」からの解放こそが「ポスト稀少性の経済」の第一の要請だという。

「ポスト稀少性経済へ向けての動きは、工業社会の蓄積プロセスが価値ある生活様式を破壊したり脅威になったりしているところから生じる。そういう社会では、従来の蓄積は明らかに、それ自身に対してもはや生産性を阻害するものとなり、過剰な発展（overdevelopment）が生じ、それが決して最適ではないような経済的、社会的、文化的帰結をもたらしている。そして、生活の戦略の中では、人々は、経済的利益の最大化を目指すやり方に対して制限を加える、あるいはもっと積極的に対抗するような生活スタイルを作り出そうとしている。」（ギデンズ、同上書）

「生活の質」についての意図的な戦略、それが「ポスト稀少性社会」の課題である。ギデンズは「ポスト稀少性社会においては、生産性主義はやがて崩壊する」と書いているが、それは決して自動的に崩壊するものではない。それは、「闘争によって勝ち取られなければならないもの」（ギデンズ）である。生産性主義の工業社会を「ポスト稀少性社会」へと転換するには、闘争が必要だ。だがどのような闘争であろうか。このような戦略はいかなる政治的スタンスを持つのだろうか。あるいは持たないのだろうか。

従来、資本主義経済の持つダイナミックな生産性主義、成長第一主義を批判してきたのは、主として社会民主主義であった。つまり穏健左派だった。彼らの関心は、資本主義の生産の効率を求める競争が、必然的に競争に敗れる弱者を生み出すという点にあった。19世紀の自由競争が生み出した貧富の格差を見るまでもなく、競争的市場経済の生み出す一つの問題が所得格差にあることはいうまでもない。そして、この観点から資本主義あるいは自由競争市場経済を攻撃してきたのが、社民主義であった。

いうまでもなく20世紀の先進国は、たとえ自由経済であっても、それなりに社民主義を受け入れ、おしなべて福祉政策を実践してきた。市場競争が、貧富の差を生み出し、階級関係を再生産している間は、左派は、弱者救済、生活保護、失業対策、福祉の重要性を説けばよかった。福祉に結実するヒューマニズムがそれなりに説得力を持ったからである。

2　福祉主義の終焉

日本では失われていた対立軸

だが、社会民主主義は、現在でもまだ有効性を持っているのだろうか。

確かに現在の不況の中で、改めて社会民主主義や福祉主義が注目されたりもする。今日の増大する失業や所得格差を考えれば、ある程度の社会福祉が必要なことは間違いないし、また、それがなくなることはありえない。

しかし、福祉「主義」は、もはや、新たな時代のキーワードとはならないことは明らかだ。ポスト工業社会を支えるものは、経済的効率性ではなく、社会的な合意をもたらす「公共計画」である。しかし、ここで要請される「公共性」は福祉主義とは異なったものである。

戦後の日本では、決して福祉国家と銘打ったわけではないものの、ある種の平等化政策が採用されてきた。一方で経済成長を追求する経済拡張主義があり、他方では、平等主義政策があった。そもそもヨーロッパのように階級構造が存在しないところへもってきて、画一的な平等主義教育や、地方の開発、累進課税や相続税によって平等化が推し進められた。だから、戦後日本は、決してスウェーデンのような福祉国家ではないものの、暗黙裡の福祉国家であった。とすれば、新たな公共計画を軸にしたポスト工業社会への移行は、日本の場合、この「日本型福祉主義」からの決別でもあろう。そこで、改めて、福祉主義について基本的な点を論じておこう。

1989年にベルリンの壁が崩れ、90年には、東欧、ソ連の社会主義体制が崩壊し、戦後世界の基本的な枠組みを提供してきた冷戦が終結した。世界は「ポスト冷戦」の時代へと入った。「ポスト冷戦」の時代には、冷戦体制のもとで当然のこととされてきたことが見直される。そしてその一つが福祉主義という理念であった。

冷戦体制とは、経済の次元で言えば、市場の自由競争経済と社会主義の計画経済の間の対立である。市場競争が経済の効率性に対して有効に作用する一方、結果として生じる不平等に対してはさして関心を払わないのに対して、社会主義の計画経済は、効率性を犠牲にして平等性や生活の安定性を優先させたということだ。

しかし、実際には、絵に描いたように市場競争経済と計画的平等経済が対立していたわけではない。社会主義の中にも不平等は発生したし、利益追求のモティベーションも部分的には導入された。同様に、資本主義の側も、決して市場の自由競争に覆われていたわけではなく、結果としての不平等に対処するための所得再分配政策や失業者への生活保護は行なわれたのであり、その意味では、いかなる自由主義国家も福祉主義をある程度は導入せざるをえなかった。効率と公正をいかに組み合わせるかが西側の先進国の政策的な課題であったということである。

しかし、その上で言えば、力点の置き方において、二つの立場が自由諸国の中で対立したことも事実だ。一方は、あくまで市場の自由競争に立脚する自由競争主義であり、他方は、市場競争のもたらす不平等こそが問題だとする。後者が社会民主主義である。

われわれ日本人にとっては、社会主義も社会民主主義も同じようなものだと見なされていた。冷戦期の最大野党であった社会党などという政党は、事実上、社会民主主義政党であるにもかかわらず、社会主義政党を自称したのであった。

しかし、西欧では、いわゆるソ連などの「社会主義」と、自由主義国の「社会民主主義」はあくまで別物である。正確には、ソ連などの計画経済は共産主義（コミュニズム）であって、自由世界の中での公正や平等を目指す社会民主主義（ソシアル・デモクラシー）は、共産主義とはむしろ対立するのである。

この前提のもとで、西欧の自由世界においては、経済の自由競争を重視する市場中心主義と福祉重視の社会民主主義が対立していたわけである。これは両者共に、自由な市場経済体制の中での対立であった。

ついでにいえば、この点では、日本はいささか特異であった。共産党はむろんのこと、社会党も含めて、革新陣営は、基本的には自由主義的な経済体制の打破を謳《うた》っていたのであり、労働組合の組織の上に立つ民主党といういささか性格の定まらない政党を別とすれば、事実上、日本には社会民主主義政党は存在しなかったのである。

その結果、自由競争のもたらす不平等化を是正する社会民主主義政策を現実に実現していったのは自民党であった。あるいは自民党政府のもとでの官僚行政であった。ここに、戦後日本では決して二大政党ができず、自民党の一党政治に陥った理由もある。自民党が、「自由主義」と「社会民主主義」をかねていたのであった。これはまた、自民党が、自由・民主主義といいながら、決して理念やイデオロギー、思想を構成原理とはしなかった理由でもある。

こうして、現実のレベルでいえば、冷戦体制下の日本には、市場的自由主義と社会民主主義の対立は実際には存在しなかった。結果として日本には二大政党政治は出現せず、また冷戦後の現在も出現しない。「公共事業のばら撒き」や「調整型の政治」といわれるものによって、自民党は、本来対立するはずのこの両者を結びつけてしまったのであった。

市場主義と福祉主義の対立が無効化

しかし、そうはいっても、市場競争型の自由主義と福祉重視型の社会民主主義の間には理念的な対立が存在することは間違いない。社会民主主義は、いわゆる社会主義体制への移行はあくまで拒否するものの、やはり社会主義の方向を見ていたことは間違いない。だから、自由主義の確固たる擁護者を任ずるハイエクは、社会主義・共産主義だけではなく、自由主義陣営の中の社会民主主義にも断固として反対したのであった。

日本においては、事実上、暴力による社会主義革命も、また議会による共産党の権力奪取も不可能だった。そしてそうなれば、現実的には、社会主義は、労働者階級の利益や福祉を実現する社会民主主義へと傾かざるをえない。現実の政策の上では、自民党が相当程度に福祉的なものを実現してゆく時、心情として言えば、いわゆる革新派は、社会民主主義へ傾いたわけである。

そうだとすると、冷戦の終結が意味するものは、市場中心的な自由主義と福祉的な社会民主主義の間の対立がもはや無効となったということである。市場主義と福祉主義を対立させても仕方がないということだ。それはさしあたり、二つのことを意味している。

第一に、社会主義の崩壊は、市場の自由競争の優位を決定的なものとした。その意味では、社会主義の崩壊は、社会民主主義に対しても大きな打撃を与えたのである。

社会主義が崩壊した時、ヨーロッパの社民系の知識人は次のように述べた。「われわれは決して共産主義者ではなかった。それどころか、共産主義体制には一貫して反対だった。だから、いまこそむしろ社会民主主義の出番である」と。

しかし、この言い方が決して力強くは響かないのは、どう弁明しても、社会主義的な平等化よりも市場の自由競争のほうが現実に人々の生活を豊かにする上で威力を発揮したことは否定しようがないからである。その意味では、社会民主主義に対する市場的自由主義の優位はすでに明らかである。ところが第二に、では市場中心の自由主義は全く問題を持たないのかというとそうは言えない。むろん、そこには、景気循環が生み出す失業の問題、所得の不平等化といった問題もあるが、本書で強調しておきたいのは、繰り返し述べているように、ケインズが述べたような長期停滞への傾向である。

確かに、市場は拡張し続け、人々の欲望も無限なのだが、市場が生み出す需要の拡大よりもいっそう速やかに、自由競争が生産能力を拡大し、グローバリズムがこのギャップを世界的規模にしてゆく。やがて、この過剰な生産能力の処理という課題に資本主義は直面するだろうということだ。

そして、この問題に対しては、福祉重視の社会民主主義政策はほとんど無力というほかない。所得分配の不平等を是正するというパイの取り分の問題が深刻なのは、あくまでパイが少ないからである。つまり「稀少性」が大きな意味を持っている社会においてのことであって、基本的な生産能力が過剰化する社会では、「稀少性」は決定的な課題ではなくなるはずである。

こうして、市場中心の自由主義に対抗する社会民主主義という図式は、冷戦後の世界では有効ではなくなってしまった。

「ポスト冷戦」の課題は「豊かさ」の再定義

一見したところ、深刻なのは社会民主主義のように見える。それは従来の福祉主義をもはや唱えることはできない。かといって何か「新しい社民主義」のようなものはまだ構想されないからである。

しかし、本当にいっそう深刻なのは、市場の自由主義のほうだというべきかもしれない。というのも、市場の自由競争を牽制し、その不安定化を未然に防御するメカニズムも価値も全く見当たらないからである。社会民主主義や福祉国家の理念はもはや、その役割を果たさないからだ。

にもかかわらず、今日のいわば「倫理なきグローバルな市場競争」は、世界的な規模での金融市場の不安定性を生み出し、各国経済を動揺させ、グローバルなコスト競争によってデフレ圧力をかけてくる。こうした経済の不安定性から社会生活を防御するための新たな価値や理念が見当たらないのである。求められているのは、経済活動の新たな定義であり、「豊かさ」の再定義にほかならない。そして、自由競争主義も社民主義もその理念を提供しはしない。

このことが、「ポスト冷戦時代」の決定的な課題であることを知るには、もうひとつ次のことを考えてみる必要があるだろう。それは、「ポスト冷戦の時代」とは、また、先進自由主義国が「ポスト工業社会」へ移行する時期でもある、ということだ。20世紀の最後の10年からこの21世紀の初頭へかけての時代の推移とは、「ポスト冷戦」と「ポスト工業化」が重なり合いながら進行したということであった。

そして、この二つの事実が重なり合いつつ進行したということは全く偶然というわけではない。

というのも、冷戦の最後の10年である80年代に、自由世界の先進国は、社会主義との経済競争の最終局面において、市場競争条件を一気に強化し、物的生産において産業の効率化をはかろうとしたからである。レーガンやサッチャーの競争力強化へ向けた政策が、アメリカやイギリス経済の中にある社民的要素の排除を目指したものであったことは明らかで、ここには、自国の産業の立て直しとともに、市場の自由主義が本来持っている生産性を最大限に引き出すことこそが冷戦の勝利につながるという判断があったことも間違いない。

こうして、製造業から生み出される物質的な生活という意味では自由世界の先進国はかつてなく豊かになった。物的な生活という意味では、貧困や欠乏はもはや過去のものとなったとみなされた。ギデンズのいう「ポスト稀少性の社会」である。ちょうどベルリンの壁の崩壊する１９８９年に、ドイツの社会民主党（ＳＤＰ）は、従来の福祉や労働者階級の利益という社民的政策を大転換し、物質的豊かさの追求から環境保護や生活の質を高める「環境調和型近代化」という考え方へと移行する。同じ頃、アメリカは、製造業から情報、金融、各種の専門的知識産業という「ポスト工業化」の新分野へ経済の比重を置き換えてゆく。

これは共に「ポスト工業化」への移行であり、本来は、物質的な豊かさの追求からの転換である。それはまた、福祉的な社会民主主義からの決別をも意味していた。言い換えれば、冷戦体制のもとでの、市場競争的自由主義と福祉的な社会民主主義の対立は、もとはといえば、稀少な物的資源のもとで、産業化を推し進め、物質的な豊かさを追求するという「工業化社会」の論理と心情を共通の前提としていたということだったのである。

こうして、ポスト工業化への移行の中で、福祉主義はもはや基本的な有効性を失ってしまった。福祉主義は、せいぜい工業社会の生産性主義（プロダクティヴィズム）の論理の中で、うまく機能したにすぎないということである。かくして、「欠乏」と「貧困」に基づく左派の福祉主義は、もはや影響力を持ちえない。左派は大きな戦術転換に迫られているわけである。

未だ戦略は見えず

では、いわゆる保守派、つまり右派はどうか。右派は、依然として成長至上主義、生産性主義に囚われている。実際、80年代の新自由主義の流れの中で、いわゆる保守派は、市場を通じた自由競争を徹底して推し進めようとしたのである。レーガンやサッチャーによる「保守革命」は、ハイエクやフリードマンなどをバイブルにしたことからもわかるように、市場競争第一主義であった。そして、この市場競争の倫理を支えたものは、自己責任という個人主義の倫理であった。

90年代に入っても、依然として、この「保守革命」は継続している。市場中心主義は、グローバル・エコノミーの形成や情報通信技術に支えられて、いっそう過激に展開している。グローバル競争のもとで、生産性をめぐるかつてない競争が生じ、それは国境を超えたコスト競争を引き起こしているのである。「豊かさの実現」は、先進国全体を通じた過剰生産力をもたらし、十分に伸びない消費需要のもとで、ひたすら、生産性を高める競争を生み出しているのである。

これが「保守革命」と呼ばれたのは一つの錯覚であったというべきだろう。過度な市場競争によって個人主義を推し進め、人々をただひたすら仕事に縛りつけ、家族やコミュニティでの活動を奪い取ってしまうことは、決して「保守革命」どころではないからである。それにもかかわらず、90年代の市場主義が「保守革命」の名で呼ばれるのは、ただ、左派の社民主義が持つ反市場主義、反資本主義的なメンタリティに対抗するためだけであった。

つまり、両者共に、依然として、資本主義と社会主義の対決という冷戦時代の思考をそのまま引きずっているということだ。左派が社会主義のほうに傾斜するのに対抗して、保守は市場競争の側に傾斜したということである。そして、社会主義が崩壊して以降、この傾斜は、圧倒的に保守の側に有利になった。

しかし、冷戦以降の課題は、本来、全く異なっていたはずである。80年代の新自由主義路線への転換は、確かに一面では、「悪の帝国」であるソ連との最終的な対決という側面はあったが、同時にまた、先進国は「製造業の生産性の傾向的低下」へと歩を進めていたのである。つまり、工業社会からポスト工業社会への転換期だったわけである。したがって、本来の課題は、いかにこのポスト工業化へ向けて価値観を転換してゆくかにあったはずである。

この点では、左派も保守派も共に、適切なパラダイムを提示することができなかった、といってよい。その結果、保守派は、一方で、市場競争と個人責任を説き、他方で、社会の伝統的な価値や家族の価値の重要性を唱える。しかし、グローバルな市場競争こそが、社会の伝統的な価値や家族や地域という共同体を破壊しているのである。

一方、左派は、この「ポスト福祉社会」に関して、ほとんど代替案らしきものを提示できない。また、後に述べるように、ギデンズの提唱する「第三の道」が典型であるが、そこでは、一方でグローバル市場を認め、個人主義の原則を歓迎しつつ、他方で、市場の横暴に対しては市民的アソシエーションを説くというアクロバティックな思考に浸っているだけなのである。かくして、「ポスト稀少性の経済」に向けての戦略は未だに見えてはこないといわねばならないであろう。

3 矛盾を抱えた「新自由主義」

同床異夢だった市場主義と保守主義

レーガノミックスやサッチャーリズムに代表される80年代は、「新自由主義」の時代だった。だが、どうして80年代になって新自由主義が急速に力を持ってきたのだろうか。

むろん一つの理由は、レーガンやサッチャーによる社会主義との対決路線ということがあるが、基本的には、戦後の経済成長を支えてきたケインズ主義や福祉国家が行き詰まったという反省が出てきたためである。この意識は、製造業の生産性の低下に悩むアメリカと、国有産業の非効率に悩むイギリスにおいてことのほか強烈であった。

しかし、果たして、新自由主義という思想は、市場経済を支える哲学として十全なものといえるのであろうか。そして、そうでないとすれば、それに対抗する新たな動きは果たして新自由主義に代わりうるのであろうか。

ここで注意しておかねばならないことは、新自由主義は、少し異質な二つの立場を結びつけたものだったということである。一つは、産業の近代化、効率化を達成するために市場競争を唱える「市場主義」であり、もうひとつは、社会秩序を重んじる「保守主義」である。

この二つは、確かに一致する面を持っているが、また同時に対立する面をも持っている。一致するのは、小さな政府と自助・自立の精神を強調する点だ。市場競争主義が小さな政府や自立した個人の自由競争を唱えるのは当然であるが、新保守主義もまた、福祉国家の中で肥大化した政府に人々が依存することを批判したのであった。

しかし、対立する面もある。それは、保守主義が、社会秩序と道徳の基礎としての地域コミュニティや教会、伝統的家族などを重んじて、地域や家族による道徳的役割を重視した点である。

保守主義は、もともと、経済的効率や経済成長の追求よりも、社会秩序の安定性と道徳精神の涵養に強い関心を持っていた。経済成長が生み出す急速な近代化よりも、伝統的な価値観を守った社会秩序を重視するという面だ。だが、市場競争は、地域コミュニティを解体に導き、家族や伝統的価値を破壊しかねないのである。だから、本来の保守主義と市場競争とは相容れない面を持っていることになる。

にもかかわらず、新自由主義は、一方で「市場主義」、他方で「保守主義」という、場合によっては相互に対立する二つの柱によって支えられていた。それが、「小さな政府」と「自立した個人」というプログラムにおいて一致したのであった。

両者の一致を可能としたものは、ケインズ的財政主義とベヴァッリジ的福祉主義はもはや成り立たないという認識だった。政府の肥大化は、資源配分の非効率を招いて、結果として国力の低下をもたらす。また、人々の政府への依存は、自立した個人の努力を阻害するというのである。

ただ、ここでも注意しておかねばならないのは、この場合に、「市場主義」と「保守主義」は、同じような口調を使って議論しながらも、そこで想定されていることは少し異なっていた、という点だ。同床異夢というべきで、両者は、同じ言葉を使いつつ異なった夢を語っていた。

市場主義者は、あくまで市場活動の自由とその拡大、そこから期待される新たな利潤機会と生産性の向上を夢見ていたのに対して、保守主義者は、福祉によって財政肥大化した政府では効率的な行政や危機管理能力を持った強い国家は期待できない、と考えていた。

また、同じ自立した個人といっても、市場主義者が、もっぱら貪欲なまでに利潤機会を求め、そのためにはリスクを引き受けることを厭《いと》わない革新的な個人を想定していたのに対して、保守主義者のほうは、政府に寄りかからずに自己規律の精神を持って生きる道徳的で勤勉な個人を考えていた。

しかも、道徳的に強い個人は、ただ抽象的な個人なのではなく、あくまで伝統的価値観を持った家族や学校教育、地域のコミュニティの中から育ってくるはずのものであった。端的にいえば、市場主義者は、既成の価値や規範に囚われることなく、新たな機会にチャレンジする革新的な個人を思い描いていたのに対して、保守主義者は、むしろ伝統的な道徳や規範を大事にする責任感ある自立した個人を想定していた。

このように、同じように「小さな政府」と「自立した個人」を唱えながらも、市場主義と保守主義では、そこに込められた意味はだいぶ異なっている。にもかかわらず、新自由主義は、市場競争の強化による経済の立て直しという一点において、両者をうまく結びつけた。ケインズ主義と福祉主義の終焉という認識が、ここにある矛盾をうまく覆い隠してしまったということである。

広がる亀裂

だが、矛盾はどうしても矛盾として表れてくる。ケインズ的財政拡張や福祉国家はもはや正当性を持たないという認識が共有され、両者に共通の「敵」が退場してしまうと、新自由主義の中にある矛盾は顕在化せざるをえない。

市場主義は、ボーダーレス化した経済という前提に立って、グローバル市場での自由競争やビジネスチャンスの拡大こそが決定的だと見なすのに対して、保守主義のほうは、あくまで関心の対象は国家にある。保守主義者にとっては、国家の競争力、経済の戦略的な立て直しに関心の中心があり、また社会の安定という点からすれば、雇用の確保、物価水準の安定こそが重要な課題とならざるをえない。

グローバル市場の形成や産業構造の急速な変革は、市場主義者にとっては無条件に望ましいことなのに対して、保守主義者にとっては、むしろ雇用の不安定をもたらし、社会秩序を破壊することもある危険極まりないものともなりえた。

「自立した個人」にしても、たとえばグローバル投資戦略によってリスクの高い金融商品に投資し、また、より高い利潤と報酬を求めて次々と職を替わる「自立した個人」は、決して保守主義者の好みではなかろう。保守主義者にとって「自立した個人」とは、福祉に甘んじて政府に依存した個人ではなく、勤勉の精神と強い責任感を持って家族や企業のために働き、また時には地域や学校においてボランティア的な参加を進んで行なう者なのである。ヘッジファンドに投資をして、巨額の金銭を得、若くしてゲイティッド・コミュニティでプール付きの広大な家に住む「自立した個人」は、決して保守主義者の考える伝統的な価値と勤勉の精神を持った「強い個人」ではあるまい。

この両者では、共に市場重視、個人の自立といっても、そのイメージが随分違っている。そして、その違いは、現にグローバルな市場が展開し、規制緩和のもとで市場競争が顕著になってきたこの数年、ほとんど覆い隠すことのできないものとなりつつある。経済が伝統的な製造業から情報・金融の「ニュー・エコノミー」へとシフトし、富の格差が開くにつれ、これまでは隠されてきた市場主義的な「新保守主義」と、伝統的な価値や社会の安定を重視する本来の「保守主義」の間の亀裂は否応なく広がってゆかざるをえない。その意味では、「新自由主義」なるものは、決して、現代のポスト工業化へ移行しつつある市場社会を支えうる思想ではない。

4　「第三の道」は有効な戦略か？

ポジティブ・ウェルフェアの思想

ところで、近年、新自由主義に対する対抗的な政策として「第三の道」が主張される。「第三の道」とは、いうまでもなく、古典的福祉国家でもなく、また新自由主義でもない「第三の道」にほかならない。しかも、その中心的な提唱者ギデンズの著書『第三の道』（邦訳、日本経済新聞社）の副題が「社会民主主義のリニューアル」とされていることからもわかるように、これは明らかに「社会民主主義」の側から出された対抗政策にほかならない。では、社民主義のリニューアルである「第三の道」は、新自由主義に代わるだけの可能性を持っているのだろうか。

まず、「第三の道」にあっては、戦後のケインズ主義的財政拡張と福祉主義による経済成長路線はもはや行き詰まったという認識がある。福祉主義の終焉は、左右両派にとって共通の認識なのである。そして、この閉塞に対して、保守陣営（右派）は新自由主義路線を提出した、ところが社民主義の左派は代替政策を提示できていない、という危機感があった。

その意味では、ギデンズが提唱する「第三の道」は、社民主義（左派）の存亡を賭けた提案ということができ、実際に、イギリスのブレア政権やドイツのシュレーダー政権などの中道左派政権に対して一定の影響力を与えているともいわれる。もはや、福祉主義が左翼の中心的な戦略になりえないという認識の中で、新自由主義に対抗できる戦略を模索するというわけだ。

では、「第三の道」は、新自由主義に代わる何かを提示しているのかというと、残念ながら、ギデンズの「第三の道」は、現状ではまとまった政策的ビジョンを提供しているとは言いがたい。

ギデンズはいう。「第三の道の政治が目指すところを一言で要約すれば、グローバリゼーション、個人生活の変容、自然と人間との関わりなど、私たちが直面する大きな変化の中で、市民一人一人が道を切り開いてゆく営みを支援することである。」

これからわかるように、「第三の道」の特質は次の点にある。まずそれは、グローバリズムや市場競争を基本的には認めるという。ただし、グローバリズムは、この場合、ただ市場のグローバリズムだけではなく、環境などの国家を超えた課題に対する非政府組織のグローバルな活動も含んだより広範なものだ。

しかしまた、もう一方で、彼は、犯罪を防ぎ、社会生活の安全と安定を確保するためにはコミュニティの再建が不可欠だともいう。企業誘致やスラム地区への投資、職業訓練などがコミュニティを育てる具体的な方策である。そしてこの「公的活動」は、ただ地方自治体が請け負うのではなく、民間資本やNPOと協調して行なうべきものであり、ここで「協調的戦略」が不可欠となる。

つまり、「公」と「民」が協調する形での、新たな市民的活動としてのコミュニティの再建が期待されているのである。また、ギデンズは、家族的価値の再建をきわめて重要なものだというが、この場合の家族は、保守派が考えるような伝統的家族ではなく、夫と妻の間の相互の約束や契約によって築かれた「民主的家族」だという。

福祉についていえば、「第三の道」は平等性をきわめて重要な価値だとみなす。だが、平等は、もはや、「所得の再分配」によって達成されるのではなく、「可能性の再分配」によって達成されるべきである。

「可能性の再配分」とは、雇用される可能性（エンプロイアビリティ）を高めることであり、人々をその人の状態に応じて、仕事を持てるように能力を引き出すことである。具体的には、職業訓練や労働移動を促進することで、多様な機会を各人に提供し、彼らの潜在能力を引き出すようにする、ということだ。

これは、競争からの「落ちこぼれ」を消極的に救済する従来の福祉ではなく、弱者を積極的に社会化し、市場化しようとする「ポジティブ・ウェルフェア（能動的福祉）」だ。そしてこの主張はそれなりにもっともなものである。特に問題とすべきこともない。ただ、それが新自由主義に対する十分な対抗軸を作っているかというと、そうは思えないのである。

「新たな共同体主義」の限界

すでに述べたように、新自由主義の主張は、市場主義と保守主義の混合であり、とりわけ近年、その間の亀裂が顕著になってきている。新自由主義そのものがその内部から分裂しようとしているのだ。したがって、「第三の道」とは、本来、「市場主義」と「保守主義」に代わる「第三の道」と解するべきものであろう。

もしも、新自由主義が、グローバルな市場経済中心の「市場主義」と、国家やコミュニティの道徳や価値を保守しようとする「保守主義」に分裂するとすれば、その先に、確かに「第三の道」を構想する必要があるだろう。

だが、ギデンズの「第三の道」は、ここで再び、「市場主義」と「保守主義」を結びつけようとしているように見える。この場合、ギデンズ流の「保守主義」は、「新たな共同体主義」という装いをとってはいるが、一種の保守主義への回帰であることは間違いない。

しかし、一方で、「市場競争」を基本的に受け入れ、市場化可能な能力の養成や自己責任の考えを採用し、他方で、地域の共同社会へ安全や安定を担保しようとするのは、いささか安直というべきだろう。

これでは、なぜ、新自由主義が「市場主義」と「保守主義」へと分裂せざるをえないのか、という問題への認識が甘すぎる。一方で、グローバルな市場競争を認める、しかし、他方で、安定し規律を持った共同社会の重要性を説く、というだけでは、この両者がするどく衝突しあっている今日の市場社会の姿を的確に捉えているとはいえまい。「市場主義」と「新たな共同体主義」がそれほど容易に結びつくとは考えられないのである。

グローバルな市場競争が、一方でかつてなく利潤機会を拡張し、個人の自由を拡大したことは事実である。しかし、「普通の人間」、つまりサラリーマンや企業の従業員、中小企業経営者、商店主などにとっては、グローバル世界での自由の拡大よりも、ローカルな生活の安定のほうが大事なのである。自由の行使や利益の追求も、安定して信頼に足る家族や国家、コミュニティに支えられていなければならないだろう。そして、これらはまた、信頼できる価値を基軸にして組み立てられていなければならないだろう。ここに、「保守主義」が「市場主義」から離反する理由もある。そうだとすれば、果たして、「アクティブな市民社会の形成」「ポジティブ・ウェルフェアの確立」「社会の近代化」などという「第三の道」の標語で、この問題に答えることができるとは思われない。

ギデンズは「共同体（コミュニティ）」という言葉をきらって、あくまで「市民社会」と呼ぼうとしている。ここには、共通の価値や伝統的な生活様式を軸にした人間の集まり（コミュニティ）ではなく、あくまで独立した多様な個人の生み出す「市民社会」こそが大事だという発想がある。あくまで個人の自由から出発した、新たな幸福へいたる道だ。それは、従来の福祉社会ではなく、個人の個性や能力を開発する福祉（ポジティブ・ウェルフェア）だ。

しかし、実際には、能力を持った個人は、市場で自己の力を最大限に発揮できる。「自由な個人」はやはり市場競争の大きな渦の中に飲み込まれてゆく。一方で、グローバリズムや市場競争を促進するやいなや、個人の間の競争は、必然的にコミュニティを突き崩してゆくだろう。ギデンズのいう「アクティブな市民社会」も持ちこたえられないだろう。

地域コミュニティの可能性

では、問題の軸にあるものは何か。「ポスト工業化の時代」は、もはや市場競争によっては、十分に人々の「幸せ」を確保できない時代だという点にある。ここには、生活や満足についての人々の考え方の大きな転換がなければならない。

しかし、グローバル市場経済は、その転換をもたらさないのである。グローバルな市場競争の中で、人々はかつてなく自由に活動する機会を手に入れた。個人としての成功の機会は随分と増加した。富を獲得する機会も、そして成功する機会も確かに増加した。能力があれば、市場はその能力をかつてなく高く買ってくれるのである。

だが、まさにそのことが問題をもたらしているのだ。なぜなら、成功の機会が増えたということは、同時に失敗の機会も増大したことを意味しているからだ。成功の機会をつかみそこねたら、人は、逆に失敗の自己責任をとらざるをえない。こうして、人は、絶えず、成功への脅迫観念に突き動かされる。これは、ギデンズのいう「アクティブな市民社会」どころではない。むしろ、市場競争と自立した個人という発想は、人々のボランタリーな集まりとしての「市民社会」を破壊しかねないのである。

しかし、ギデンズの戦略には、一つ無視できない点がある。それは、犯罪、失業といった社会的リスクの受け皿として地域コミュニティを想定している点だ。

ポスト工業社会においては、知識を介した人と人の繋がりが重要な意味を持つようになる。このヒューマン・ネットワークをうまく作動させるものは、「信頼」なのである。そして、この「信頼」を生み出すものはコミュニティである。また、逆に、相互の信頼がコミュニティを作り出す。

ここでいうコミュニティとは、農村などの地域に自生した地縁的・血族的共同体のことではない。地縁・血縁があるからそのままコミュニティになりえるわけではない。家族も地域も、共通の価値に対する責任と愛着を自覚しなければ成立するものではない。そして、ここでいうコミュニティとは、家族にせよ、地域にせよ、友人や知人の集まりにせよ、組織にせよ、学校や団体にせよ、ヴォランティアな集団にせよ、それなりの共通の価値によって結びつけられた人々の集まりだ。

ただ、この集まりは、全くのアソシエーションではありえない。利害に基づいた、無名的で機械的で一時の繋がりのみを求めた集合体ではありえない。ある程度の長期にわたる繋がりの中で、利害を離れたある共通の価値と責任を構築してゆかねばならない。その意味で、コミュニティは、ある規律を持ち、広い意味での道徳観念を持ち、人々をそこに縛るものだ。

ポスト工業社会において必要なことは、この種の多様なコミュニティを作り出し、また作り出す活動を保障することである。いうまでもなく、その一つの重要な柱は、地域のコミュニティだ。とりわけ、高齢化社会、ケア社会となれば、地域のコミュニティがきわめて重要な役割を果たす。これは、行政と住民、経済界などが共同して、コミュニティを生み出す作業である。街づくり、ネットワーク作り、介護システムの構築、情報システムを使った在宅の仕事の創出、医療ネットワーク、これらを作り出すことが、コミュニティの形成になる。そして、そのことは、決して、市場競争原理や規制緩和、情報金融経済（ニュー・エコノミー）からは生まれてこないのである。

5 アメリカの苦い「勝利の代償」

シンボリック・アナリストの時代

競争的な市場経済が、どれほど、「市民社会」や地域コミュニティの安定性や伝統的生活を破壊しかねないか、その格好の実例がある。証言するのは、まさに、そのグローバルな市場競争政策の一翼を担った当人、ロバート・ライシュである。

すでに述べたように、今日の市場経済は、基本的には、生活の必要物資を生産し提供するという意味での「稀少性」の問題は解決した。90年代には、先進国は、消費に対してむしろ過剰な生産能力をいかに処理するかという問題に直面している。そして、われわれは、相変わらず、稀少性の生産と販売の競争にあけくれている。それどころか、生産能力が過剰となった分だけ、市場を求める競争はますます過酷なものとなっている。

市場競争は、人々を「勝ち組」と「負け組」に分けてゆく。だが、今日、一体、誰が勝者なのだろうか。市場経済の問題は、物的必要という意味での「稀少性」の問題を解決したはずの先進国の最中でこそ生じている。これは、グローバル金融市場の不安定性や所得分配の格差といった問題とは違っている。つまり、市場経済が「敗者」を生み出すという問題ではない。そうではなく、市場がその「勝者」にさえもたらしている問題なのだ。ライシュの例が興味深いのは、まさに、「勝者」が蒙っている苦味なのである。その意味では、それは確かに「ポスト稀少性社会」の問題だ。

このことを考えるために、ライシュの近著『勝利の代償』（邦訳、東洋経済新報社）を手がかりにしながら、現代の「豊かさ」について論じてみよう。

いうまでもなく、ライシュは、クリントン政権の労務長官を務めた経済学者であり、いうなれば、クリントン政権のグローバリズム、IT革命を推し進めた立役者の一人といってよい。

クリントンが前ブッシュから政権を引き継いだ時、アメリカは、製造業の競争力低下と貿易赤字、高い失業率に悩まされていた。クリントンの課題は何といってもアメリカ経済の立て直しにあり、この課題に対して、彼は、情報通信技術の革新とグローバルな金融市場の展開という回答を与えた。クリントン政権の間に、アメリカ経済は、ITなどのニュー・テクノロジーによって見事な変身を遂げ、生産性の低下した製造業から、ITを駆使した新たなサーヴィス部門や金融部門へのシフトを行ない、90年代が終わってみればアメリカの「独り勝ち」などといわれる状況に至った。つまり、市場競争条件の整備によって強力な競争的優位を作り出したとされている。

こうしたクリントン政権の経済再建策の背後には、ライシュの前著『ザ・ワーク・オブ・ザ・ネーションズ』があったことはよく知られている。この先駆的なイメージを持った書物は、ただベストセラーというだけではなく、アメリカ経済の「転換」にとって重要な役割を果たした。

ここでライシュは次のように論じた。90年代のグローバル経済の時代には、かつてなく多くの所得を稼ぎ出すことのできる高生産性を持った新たなサーヴィス部門の創出が決定的に重要になる。この場合、新たなサーヴィス・ビジネスの提供者とは誰かといえば、経済コンサルタント、金融ディーラー、有能な経営者、コンピューター・ソフトの開発者、各種の専門的知識を持った技術者、テレビ関係者、映像ビジネスマンなどを思い描けばよい。彼らは、その独特の能力を自在に発揮するため、もはや狭い国内市場に収まらずに、よりよい条件を求めてグローバルな市場を活躍の舞台とする。

ライシュは、こうしたグローバルに活躍できる新たなサーヴィス業従事者を「シンボリック・アナリスト」と称して、従来の製造業の労働者や従業員である「ルーティーン・ワーカー」や、これも従来からあるレストラン従業員、ベビーシッターなどの通常の「サーヴィス業従事者」からは区別した。「シンボリック・アナリスト」は、今日、市場でもっとも多くの所得を稼ぎ出すことができる。

この新たなエリート層である「シンボリック・アナリスト」にとっては、国家や国民全体の利益などという観念はもはや意味を持たない。彼らの活躍の舞台は、グローバルな市場である。にもかかわらず、一国の富は、「普通の」労働者やサーヴィス業従事者のまじめな勤勉さというよりも、この新たなエリートである「シンボリック・アナリスト」の稼ぎに大きく左右されるだろう。とすれば、国家の経済政策は、「シンボリック・アナリスト」を作り出す教育や、彼らを一国に引き付ける条件整備にこそ向けられるべきである。

これがライシュが描いた「新しい経済像」であった。そして、確かに、90年代が終わってみれば、アメリカ経済の勝利は「シンボリック・アナリスト」の活躍と切り離せない。90年代のアメリカは、情報・金融部門へシフトすることと、多様なコンピューター・プログラマー、システム・エンジニア、情報関連ベンチャー、金融コンサルタント、投資家などを生み出した。

そうだとすれば、ライシュはまさにアメリカ経済再建の第一人者としての栄誉を十二分に享受してもよさそうに見える。しかし、事実は必ずしもそうではない。ほかならぬライシュ自身が、このアメリカ経済の勝利に戸惑い、それがもたらした代償を深刻に捉えているのである。

「ニュー・エコノミー」

問題のすべては、ある意味で、ライシュ自身の個人的体験に根ざしている、と彼は語る。理由は簡単だ。労務長官として働くことによって全く家族と過ごす時間が取れなくなった、というのである。これが、彼が労務長官を辞任した理由だと彼はいう。

多少、いい気なものだという気もしないではないが、彼自身がまさしく「シンボリック・アナリスト」になってみれば、自らが生み出したこの大競争経済の中での「シンボリック・アナリスト」そのものに大きな問題があった、というわけである。「この繁栄する時代のもっとも深い憂いは、家族の崩壊、コミュニティの分解、自分自身の誠実性を守ることの難しさである」と彼はいう。

何をいまさらといっても仕方がない。このライシュの戸惑い、子供と約束の映画にも行けなくなってしまったという類の、あまりに率直な告白は、90年代以降の市場経済の日常的な姿を端的に示している。

90年代に、先進国経済は、製造業を中心とした大量生産、大量販売から、消費者の欲求やニーズにいち早く反応する大競争の時代に入った。この大競争においては、ITをはじめとする新たな技術展開と、生産者と消費者を結びつける情報の確保や操作が決定的な要素となる。大量生産、大量販売のもとにおいては、人々はおおよそ画一的なもので満足し、標準的商品を買い込んで「人並み」の生活をすることが目標だった。この規格大量生産経済では、企業は、安定した市場のもとで予測可能な需要に対応すればよい。大きなリスクもなければ、さほどの競争も求められない。

しかし、今日、標準的生活はほとんど実現してしまったのである。生活の基本物資はひとわたり手に入った。だが、この「豊かな社会」において、人々は、もっと良いものを、もっと安いものを、もっとサービスの行き届いたものを求めるようになる。こうして企業は、絶え間ない技術革新と新たな市場開拓へ向けてとどまるところのない競争へ投げ込まれる。「より良く、より安く、より早く」が企業の生死を分ける。

こうして、ポスト大量生産の時代は、いっそうの便利さと安価を求める消費者の貪欲なまでの欲望に振り回されることとなった。この欲望へ向けて、情報テクノロジー、コミュニケーション技術、輸送手段における技術的な革新が結合して、経済の質を変えてしまった。それは、かつてのように、すでにわかりきった商品の生産において、生産規模の拡大によって利益を得る規模の経済ではない。そうではなく、できるだけすばやく製品やサーヴィスを改善し開拓できる販売者、消費者のわずかな嗜好の変化をすばやく掴み取るマーケッター、あるいは、ブランド・イメージを生み出すことで消費者を満足させることのできる生産者、こうした者こそが利益を手にすることができるのである。

要するに「工業社会」から「ポスト工業社会」への移行だ。ライシュは、この「ポスト工業社会」を「ニュー・エコノミー」と呼んでいるが、確かに、ライシュの描き出す「ニュー・エコノミー」は、公共部門の知的計画が重要となるというダニエル・ベルの「ポスト工業社会」のイメージとは大きく違っており、新しい情報技術は、もっぱら企業の市場競争を促進することとなったと見るのである。

押しとどめようのないメカニズム

さて、この「ニュー・エコノミー」の中で、消費者はますます便利なものを安価に手にすることができる。消費者の欲望をいち早く掴んだものは、いくらでも利益をあげることができる。自分をブランドとして売り出すことに成功したものは、巨額の金を手に入れることもできる。創造的な能力を持った「変人」や、人々の潜在的な欲望をかぎ付けることもできる「精神分析家（とライシュは呼ぶ）」もこの市場競争の中で大成功を収めることができる。

ただ注意しておかねばならないのは、こうした能力を評価するのはすべて市場だということだ。評価される能力はすべて「市場化可能なもの（マーケタビリティ）」なのであって、市場の評価に載らない者は、いかに独創的で個性的であっても、単なる「変人」にすぎないのである。こうして、市場化可能な能力さえ持てば、人々の成功の機会は広がり、その結果として、消費者はますます便利になった。これが90年代のアメリカ経済の「勝利」にほかならない。「すばらしい取引の時代」ではないか、とライシュは述べる。

だが、その代償は何か。まず雇用が不安定となり、貧富の差が拡大した。特に売り込むべき何も持たない者は、世界の低賃金労働と競争するために、以前より賃金は下がり、以前の生活を維持するにはいっそう働かなくてはならなくなった。

そして、彼らよりはるかによい報酬を得ている大卒の知的専門家もさらに忙しくなった。彼らは絶え間ない技術の革新と市場の開拓に追われ、ひとたびこのゲームから降りるや否や、もはや再び以前の地位や所得を手に入れることはできないからである。かくしてアメリカ人の平均労働時間は、いまやヨーロッパ人を年間で350時間も上回り、かの「働きすぎ」の日本人をも上回っている。アメリカ人こそが「仕事中毒」となっているのだ。いや正確に言えば、「仕事」をめぐる競争から降りることができなくなってしまったのである。

で、その結果どうなったか。家族が共に過ごす時間がなくなってゆく。子供たちは大人とは異なったルールで彼らだけの世界を作る。一つの家族なり社会のモラルや価値が失われてゆく。さらに地域コミュニティが崩壊してゆく。アメリカのよき伝統の一つであった様々な人々が入り交じり、ボランティア活動が可能であった地域のコミュニティが解体してゆく。

これを「コミュニティ」と呼んでもよいし、ギデンズのように「市民社会」と呼んでもよいが、ともかくも、人々が、自発的に集まり、そこに相互の信頼を生み出して、ある地域の価値観や生活スタイル、規範や規律などを維持してゆく地域的な生活圏が崩壊してゆくのである。それに代わって出てきたものは、金持ちがガードマンを雇って作り出す特権的な「ゲイティッド・コミュニティ」である。コミュニティさえも金で買われるわけだ。

アメリカの社会学者パットナムは、『一人でボウリングを (Bowling Alone)』において、90年代のアメリカにおいて、いかに、人々が自発的に集まるサークルやクラブ、ボランティア活動、地域の集会などが消失に向かっていったかを論じている。これは、アメリカの社会の自由やデモクラシーの基礎である「市民社会」の衰弱にほかならない、とパットナムはいう。この「市民社会」の衰弱こそは、アメリカの「勝利の代償」である。

「市民社会」の衰弱から新しい格差が出てくる。競争経済は人々を「勝ち組」と「負け組」に分けてゆかざるをえない。そして、この不平等の累積的な進行があるからこそ、人々は家族やボランティアや市民活動を犠牲にしても働かざるをえないのである。

果たしてこれは幸せな社会なのであろうか。本当に「豊か」だといえるのであろうか。いや、何をいまさら、わかりきったことだったのではないか、とついわれわれは思ってしまう。だが、問題の焦点は、誰もがそのことをわかっていながら、どうしてもそれを押しとどめることができない、という点にある。この問題の本質は、こうした事態がとどめようのないメカニズムの中で進行しているということなのだ。

だから、ここで、われわれは、アメリカの政策当局を責めても仕方ない。これはアメリカ政府の意図した戦略でもなければ、選択の誤りというわけでもない。またここで、企業の新たな利潤獲得の戦略や資本家や投資家の利益獲得を攻撃しても仕方がない。問題の本質は、ライシュが適切に述べているように、いっそう便利なものを、いっそう安く手に入れようとする消費者の欲望の自動運動にこそある。

この押しとどめようのないメカニズムを生み出しているものは、かつてマルクス主義者が述べたように、資本主義の搾取のメカニズムでもなければ、企業家の陰謀でもなく、豊かになればなるほどさらに欲望を膨らませるわれわれの欲望の運動の側にある。確かに「すでに持っているものが多いほど、必要だと思うものも多くなる」（ライシュ）のだ。この消費者の欲望の自動運動がある限り、われわれは所得を得るためにますます忙しくなる。

「消費者」として利益を受けようとすればするほど、「勤労者」としてわれわれは自由な時間や家族との時間を犠牲にせざるをえない。しばしば、市場競争を擁護するものは、それが「消費者」のためになる、という。そして、そのことは大方の支持を調達しやすい。しかし、「消費者」のためにとは、「勤労者」や「サラリーマン」には、リストラや労働時間の延長、労働の強度という点で大きな負担を与えることになる。しかし、実際には、「消費者」と「勤労者」は同一人物なのである。ここに、人間を一個の全体的なものとしては見ずに、「消費者」と「労働者」という機能において分割して捉える経済学の限界が露呈されている。

ここでわれわれは、ライシュとともに、ただ戸惑い、そのあげく、皮肉な調子で「仕方がないや」とつぶやかざるをえないのだろうか。だが、答えの半分はすでに出ているのではないだろうか。グローバルな競争へ邁進するのではなく、家族や地域コミュニティを再建すること、医療や「気配り」のきいたサーヴィスを充実させること、雇用の安定を確保し、経済の不安定やリスクを最小化すること、こうした目的のために、知的な資源を公共的に投資すること、つまり、「新たな社会」へ向けた社会生活のインフラストラクチャーを充実させること、このことこそが真の「ポスト工業社会」の課題であるというべきなのである。

第7章　稀少性と資本主義の限界

1　稀少性を作り出す市場

経済学のいう稀少性とはなにか

ここで少し、稀少性の観念と欲望の関係について考えてみたい。といっても無から有をうむわけにはゆかない。参考にするのは、経済学の歴史の中における「稀少性」の扱いである。

いうまでもなく、「稀少性」は経済学の中心的概念であった。いまもそうである。人間の欲望は無限であり、これに対して資源は有限だ、したがって、生産物はいくら増加しても決して飽和することはありえず、人間の欲望に対して稀少だという。この単純で明確な論理が経済学の前提となっている。実際、まさに、この前提のもとではじめて経済学という学問が成立している。

だから、かつて、イギリスの経済学者ロビンズは、経済学とは、稀少な資源・財貨をいかに配分するかという普遍的な問題を扱う科学だと定義したのであった。

ロビンズがこの定義を与えたのは、１９３２年のことであったが、それは現代にまで着実に受け継がれているようで、現在、十数版を数えているサムエルソンの『経済学』（邦訳、岩波書店）においても次のような定義が与えられている。

「経済学とは、さまざまな有用な商品を生産するために、どのように稀少性のある資源を使い、人々の間に分配するかについての研究である。」

「さまざまな有用な商品」とは、人々がほしがるものということであろう。だから、ここには、人間の欲望に対して、資源や生産物が絶対的に稀少だ、という前提がある。

こんなことはいまさらいうまでもないことだと経済学者は考えるだろう。人間の欲望は無限で資源は有限なら、稀少性の観念が出てくることをどうして疑うことなどできようか、というだろう。そして、ひとたびこの意味での稀少性の概念を認めてしまえば、ある社会が豊かであるとか、生産過剰の社会であるとかいう言い方は意味を持たないことになる。

あるいは、次のようにいってもよい。ある人があるものを欲すれば、稀少な資源をそちらに回すことは合理的だろう。だから、その欲望の「性質」や消費の「質」については一切、議論する必要はないということになる。人が現にある価格を出してあるものを買うということ、そのこと自体が、その商品が存在する十分な理由となっている。そもそも、その商品が社会にとって「本当に」必要かどうか、などという判断は意味を持たない。人がある商品を買う限り、つまりある商品に価格がつく限り、その商品は「稀少」なのである。

これが経済学の立場だ。この立場に立つ限り、「必要な消費」と「贅沢な消費」の区別などできないし、「飽食した社会」や「モノがありあまる社会」という言い方は全く無意味となる。さらにいえば、「豊かな社会」と「貧しい社会」の区別も意味を持たない。むろん、「豊かさ」の程度をGDPなどの指標で測ることはできる。しかし、無限の欲望を前にして稀少性に捉えられている社会にあっては、どんなにGDPが大きかろうと、本質的には「欠乏した社会」なのであって、「豊かな社会」などというものはありえないことになる。

こうして、多くの人が持っている社会通念に反して、経済学は「豊かさ」という問題を扱うことができない。その理由は、経済現象は稀少性を自明のものとみなすという前提があるからだ。

さらに、稀少性を自明なものとするにはもうひとつ前提がある。それは、人々の欲望は無限で、しかもその内容については一切議論できない、という前提だ。欲望の内容は人それぞれの主観に属するのであって、その質についての評価は誰もできない、という。これは「主観主義」の仮定である。そこで、欲望についての「主観主義」が資源についての「稀少性」と結びつけば、そもそもある経済状態が「豊か」かどうかといった議論は成り立たなくなってしまう。これが経済学の考え方だ。

だが、稀少性とは一体何を意味しているのだろうか。人間の欲望が無限だということは何を意味しているのだろうか。

市場という交換装置

経済学の思想史をざっと見てみると、稀少性の概念は決して昔からあったわけではなく、むしろ比較的新しいものであることがわかる。先にあげたロビンズの定義が依拠しているのは、カール・メンガー、スタンリー・ジェヴォンズといった、いわゆる「限界革命」の経済学者の考え方であった。1880年代以降のことである。

それでも、まだ、この時代においても、必ずしも欲望の無限性という考えは無条件には出てこない。イギリスの高名な経済学者マーシャルは、個別の財貨に対する人間の欲望には限界がある、とみなしていた。だが、人々は、次々と他の商品に欲望の対象を移してゆく。その結果、欲望はあたかも無限であるかのように生み出されてゆくことになろう。

そこで次のような発想が出てくる。なるほど、個々の商品についての欲望は限界があるだろう。しかし、次から次へと欲望の対象は移り変わってゆくのだから、次々と出てくる様々な商品の群れについての欲望は膨らみ続けるだろう。とすれば、問題は、それらの商品の組み合わせをどのように選択するか、ということになるのではないか。

こうして、稀少性とは、それぞれの財に対する欲望に関わるのではなく、多様な商品の間にどのように所得を配分するかという選択の問題だということになる。これが、「限界革命」の発想であった。個別の商品に対する満足度は、飽和しないまでも急激に低下してくるだろう。「限界効用の逓減《ていげん》」だ。

だとすれば、問題は、「限界効用」の低くなった財から、より高いものへと選択の幅を広げ、結果として、もっとも適切な商品の組み合わせを選択するように所得を配分することになろう。こうした推論の結果、稀少性の問題とは、多様な商品から得られる「限界効用」を比較し、それを得るための対価である「価格」と比較考慮することとなる。メンガーやジェヴォンズは、このように考えたのであった。

ここでは、稀少性とは、多様な財の組み合わせの中から、各人がそれぞれ適切なものを選択することにほかならない。ところが、この場合、興味深いのは次の点だ。

人々は、自分なりに多様な商品の組み合わせの中から適切な組み合わせを選択する。しかし、この組み合わせは人によって違う。だから、望ましい組み合わせを実現するには、他者との交換が必要となる。交換とは、端的にいえば、他者の保有物の中で自分のほしいものを他者から獲得し、それと引き換えに、自分の保有物で他者のほしがるものを他者に与えるという相互的行為だ。

むろん、現代社会では、こんな物々交換は行なわれない。そこで、交換をするには「貨幣」と「価格」が必要となる。交換だけではなく、そもそも多様な商品を比較して選択をするにも「価格」がなければならない。とすれば、この選択が可能であるためには、市場がなければならないことになる。こうして、稀少性が意識され定義されるには、市場が前提とされていなければならない。

経済学が問題とする稀少性とは、ただ、必要に対して資源が稀少だという一般的なことなのではなく、あくまで、市場という交換の場で、相互に欲望が衝突しあってはじめて確認しうるものなのだ。

だから、経済学では、稀少性の考えは、市場での選択という考えと深く結びついている。「限界革命」が稀少性という考えを発見した時、彼らは、それを市場における選択として発見したということなのである。

モノに価格がつくということは、複数の人がそれをほしがっているということだ。交換によって他人の持っているものを獲得しようとする時、人は、他人の持っているものに対して欲望を感じる。そして、この事態を稀少性として認識させるものは、市場という装置なのである。

複数の人々がほしがっているものを適切に配分するという問題は、市場という大規模な交換装置のもとではじめて可能となる。それを可能とするメカニズムは価格の変動で、価格があってはじめて人々は、選択のための計算ができるようになる。だから、ハイエクは、価格のもっとも重要な役割は、稀少性の状態を示す情報機能にあると論じたのであった。

ゆらぐ経済学の前提

しかし、稀少性の概念が市場という装置と不可分だということは、経済学の中では意識されていない。先のサムエルソンの『経済学』にあるように、市場とは無関係に「稀少性」が最初から存在するとしている。だが、稀少性という観念そのものが、市場の中で意識されるものだとするとどうだろうか。

ここで、経済学の基本的な前提はいささかあやしくなってくる。人間の欲望はあらかじめ無限であり、それゆえ、稀少性という普遍的な問題がこの社会にはある、という前提は疑わしくなる。サムエルソンやロビンズの定義は、人間の目的（欲望の充足）は無限であり、これに対して手段は有限なのだから、ここに稀少性という普遍的問題が発生するというものであった。だから、ロビンズからすれば、経済学のみならず、政治学も社会学も、人間の社会的行動についてのあらゆる学問が、すべからく何らかの稀少性を扱っているということになる。これが稀少性が普遍的だということの意味である。

確かにそれは一つの見方であろうし、そのように人間の学を構想することは可能なのかもしれない。しかし、少なくとも、経済学について見る限り、稀少性の実質的な意味は、あくまで市場という舞台の上で表れてくる。

稀少性とは、ただ漠然と他人の持っているものがほしいといったようなことなのではない。そうではなく、実際に交換が可能な条件があり、それゆえに、他の財貨との組み合わせを計算できるという状況のもとではじめて表れてくる。ただ欲望が競合するというだけではなく、計算可能な仕方で欲望を調整できるという条件のもとで、はじめて稀少性という考えが発生するのだ。

こうして、稀少性という考え方そのものが、市場という制度と切り離せないといってよいだろう。無限の欲望に対して有限の資源という普遍的状況があるから、稀少性の問題が発生し、これを解決するために市場制度ができたというものではない。むしろその逆だ。市場という制度のなかで、人間が合理的な計算に基づいた選択をしようとする時に、はじめて、稀少性という観念が出てくるのである。

稀少性があるから市場が出現するのではなく、市場があるから稀少性の問題が定義されるのだ。それが、「限界革命」によって、稀少性という普遍的原理が発見されたということの意味なのである。

2 「必要品(ニーズ)」から「欲望(デザイア)」へ

効用の代替可能性

すでに述べたように、「稀少性」の観念が、経済学の中心に登場したのは、それほど古いことではなく、19世紀の末から20世紀にかけてのことであった。「限界革命」がこの概念を「発見し」、ライオネル・ロビンズが経済学の有名な定義の中で、「経済学とは、稀少な手段をいかに配分するかという人間行動の研究」だとしたわけである。

では、「手段が稀少だ」という場合、何に対して稀少なのか、というと、「欲求(ニーズ)」に対してである。だからメンガーは、人間は、欲求(ニーズ)の充足をはかる存在だとした上で、限られた資源から、可能な限りの最大の欲求充足をもたらすのが合理的な行動だとみなしたのであった。

こうして、「稀少性」は、きわめて一般的に、有限な資源に対し、人間の欲求の無限性から発生する、とされた。有限な資源と無限の欲求を組み合わせれば、「稀少性」の観念が出てくるのは当然のことであった。

ここで一つの重要なことは、人間の「欲求（ニーズ）」が、きわめて一般的に定義され、しかも、所与とされているという点である。それは、あたかも底なしの水がめのようなもので、どれだけ水を注いでも決して飽和することはない。あるいは、それは巨大な袋のようなもので、何をそこに詰め込んでもかまわない。

要するに、「欲求」は、一種の巨大な容器であって、誰もがこの巨大な容器を身体の内に抱えているのである。こうなると、「稀少性」のほうも、すべての人々が抱えている巨大な容器（あるいは底の抜けた水がめ）をモノで埋めるために、あらゆる資源を動員しても不足するというだけのことになってしまう。

しかし、たとえば、N・クセノス『稀少性と欲望の近代』（邦訳、新曜社）の指摘に従うなら、もともと、「稀少性（scarcity）」とは、必需品の品不足を意味した言葉であった。15世紀には、それは、特定の必需品が、ある特定の時に、飢饉などの理由で不足することである。生活に関わるような何かある特定のモノが、ある特定の状態で不足、欠如した時、スケアシティといったのである。決して「欲求一般」に対して「稀少性一般」があったわけではない。

このことは何を意味しているのだろうか。

稀少性の本来の考え方に従えば、ある特定のモノがある状況の中で不足し欠如することはありうる。しかし、欲求一般というものはないし、稀少性一般というものもない。アリストテレスは、欲求（ニーズ）には限界があると考えていた。だから、ポリスの自給自足体制が可能となるのである。そして、近代に入るまではこの考え方が支配していた。

一見したところ、アリストテレスの「欲求には限界がある」という考えは、非現実的に見えるかもしれない。しかし、それは、「欲求」というものの考え方が、われわれとアリストテレスとでは違うのである。

アリストテレスのような考え方からすると、「欲求（ニーズ）」とは、生活をする上で「必要なもの（ニーズ）」にほかならない。そして、通常、われわれは、小麦、果実、作物、衣料といったように、具体的にその品目を列挙することができる。その一つ一つは、必ずどこかで充足される。だから、当然ながら、「欲求（ニーズ）には限界がある」ことになる。無限の欲求など、きわめて不自然なことで、「正義」に反することだ。「稀少（scarcity）」とは、それらの必要なものの具体的な欠乏状態にすぎないのである。

このアリストテレス的で前近代的な考えからすれば、現代のわれわれのいう「稀少性」は、その本来の観念から大きくそれてしまっている。

今日、まず「稀少性」は、アリストテレスのいう意味での、生活の「必要」の範囲には収まらない。むしろそれを超え出たところから発生してくる。だからアリストテレスに即せば、現代の稀少性など、「不自然な欲求」から発生していることになろう。その意味で、現代の「稀少性」は、必要品（ニーズ）という「自然な欲求」の次元での欠如によって定義された本来の「稀少」とは、むしろ反対の概念なのである。

さらに、アリストテレス的な世界では、稀少性は、あくまで具体的な特定のモノの欠如を指し示している。しかし、現代の経済学がいう稀少性は、すでに述べたように、特定のモノではなく、「稀少性一般」という抽象概念なのである。

では、現代の経済ではどうしてそうなるのか。

そこには、あらゆるモノは相互に置き換えることができるという仮定がある。AはBで置き換えることができるし、BはCで置き換えることができる。Aが不足すればBで置き換えることが可能だし、またAが充足すれば、欲求をBに振り替えることが可能である。小麦が不足すれば果実で代替することができ、ワインが不足すればビールで代替することができる。すべてのモノは、「欲求」という抽象的な容器において相互に置き換え可能であり、本質的に同質なのである。近代の経済学は、それを、効用の代替可能性と呼び、その比較の値を限界代替率と呼ぶ。いずれにせよ、あらゆるものが同質で代替可能だとなると、もはや必要品と贅沢品などという区別はつかないし、「自然な欲求」と「不自然な欲求」という区別も無意味になるだろう。

こうして、あらゆるモノが相互に代替可能という考えが出てくる。だが、それを可能とするものは何かというと、それは「市場」なのである。「市場」にあっては、あらゆるモノは交換可能（つまり代替可能）となり、あらゆるモノは、「効用＝満足」という共通のタームで測定されるからだ。

「効用」というタームに還元してしまえば、パンも宝石も本質的には何の違いもなくなるだろう。パンが好きな者はパンを買い、宝石が好きな者はパン代をけずって宝石を買うだけのことだ。こうして、あらゆるモノが、市場という巨大な展示場において購入可能となれば、われわれは、あらゆるモノを飲み込む欲望という無限の胃袋を前にして常に欲求不満にならざるをえない。だが、これはすべて「市場」が生み出しているのである。

模倣と競争による「消費革命」

ところで、生活の必要品（ニーズ）の欠如という「稀少性」から、現代の「稀少性一般」への転換はどこで生じたのであろうか。個々の具体的な必要品の「稀少」という観念から、何ものをも飲み込む巨大な胃袋を前にした「稀少性」への転換だ。

現代の「稀少性」の観念が、市場と深く関わっているとすれば、この転換は市場の展開と不可分だろうと思われる。市場の展開とともに、アリストテレス的な必要品に基づいた「自然な欲求」という考えは成り立たなくなるだろう。実際、われわれは、この転換期を、例えば18世紀イギリスの商業発展の中に見出すことができる。

イギリスはかつては近代資本主義の最先進国だとされ、それはいち早く産業革命を達成したからだとされる。イギリスの産業革命は18世紀の末から19世紀にかけて生じたので、この説からすると、イギリス経済の展開は19世紀になってからだということになろう。

しかし、実際には、イギリスは18世紀にはすでに経済大国であったし、その源泉は、産業革命というよりも、重商主義政策による商業発展にあった。17、18世紀の重商主義政策が、地理上の発見によってもたらされたアジア、新大陸航路を使った大商業を可能とし、ヨーロッパ全体が、この新たな商業網の展開と金銀の流入によって急速な経済的興隆を経験したのであった。

イギリスは、この状況下で、いち早く、そして大規模に重商主義政策を推し進めた。そのことが、イギリスに商業的利潤をもたらし、またアジア貿易によって様々な珍しいアジアの物産をイギリスにもたらしたのである。

経済史家のサースクは、この時代のイギリスで「消費革命」が起きていると述べているが、確かに、貴族や新興のジェントルマンたちは、海外から輸入された様々な贅沢品を使って、新たな生活スタイルや新たな階級的シンボルを生み出していった。

「消費革命」は、決して、生活必要品の範囲が拡大したために生じたのではなく、贅沢品や地位を表象するような新たな財貨の登場によって生じた。しかも重要なことは、これらの財貨が競って消費された時、そこには、社会的な地位や身分をめぐる人々の名誉をかけた競争があったということである。

新興のジェントルマンは、より上の貴族の生活スタイル（様式）を模倣しようとし、新たな中間層は、より上のジェントルマン層の様式を模倣しようとした。こうして様式の「トリクル・ダウン」によって、社会の「流行」が生まれる。「流行」によって、人々は、少し上の生活様式を模倣し、その「ふり」をしようとする。これが「消費革命」を生み出したのであった。

だから、18世紀イギリスの「消費革命」を生み出したものは、人々の虚栄心であり、利己心だということもできよう。地位をめぐる競争である。これは、必要品（ニーズ）の争奪戦ではなく、名誉と虚栄をめぐる模倣と競争であった。「欲望（デザイア）」は、模倣と競争から生じるのである。

18世紀のこの現実をいち早く肯定的に捉えたのは、スコットランドの哲学者ヒュームであった。ヒュームは、贅沢の消費は誠に結構なことだという。なぜなら、人々はより上流の生活を模倣することで、いっそう洗練され、知識欲も旺盛となるだろうからである。商業は、人々を洗練し、マナーを向上させ、一国を文明化するという。「生活の洗練、つまり贅沢（luxury）の存する時代はもっとも幸福な時代である」と彼は述べる。そしてそれを生み出す動因は何かというと、「人間の心にとってきわめて強力で不変で、かつ支配力を持っている名誉心」だという。

これはすでに「新しい時代」である。あるいは、経済についての新しい考え方がここにはある。それは、経済（エコノミー）を、生活の必要品を生み出し、調達する「家政（オイコノミー）」と捉える古典的な世界からの決別である。こうして、われわれは、アリストテレス的な必要品（ニーズ）の世界から、贅沢品を求める模倣と競争（エミレーション）の時代へ入ることになる。これは近代という時代だ。「稀少性」に関わる考えもここに大きな変化をこうむることになったのである。

3　「定常状態」というフィクション

経済の「量」から「質」へ

経済学者は常に「量」について語る。ＧＤＰにせよ、成長率にせよ、失業率にせよ、「量」である。市場経済はあらゆる財貨を「量」へと還元する。その結果、「量」は進歩や発展を測定する便利な指標となり、近代の進歩や発展という思想は、「量」の拡大こそが進歩であり発展であると考えることとなった。市場経済の成立と社会進歩の観念が同時に出てくるのは決して偶然ではない。

これに対して、「質」に注目した経済学者は決して多くない。しかし、「質」に注目した学者が「量」の拡大に必ずしも積極的な評価を与えていないし、さらに「進歩」という思想にさして重点を置いていない点は興味深い。

古典派のアダム・スミスやヒュームが商業活動を奨励したのは、商業につきものの「利己心」が一国の富を高めるからというだけではなく、商業活動が、人々の身だしなみを洗練させ、社交性を高め、よりよい暮らしをするように仕向けるからであった。

なぜなら、商業活動は人々の競争心を刺激し、虚栄心に火をつけ、結果として人々の生活程度を高め、人々を洗練させるだろうからである。注意しておくべきは、ここでは、「進歩」は必ずしも「量」の拡大だけではなく、生活の洗練や社交の拡大という「質」においても評価されていたことだ。

ここには、個人の利己心が結果として社会の富を増進するという、スミスのよく知られた命題のもうひとつの側面が示されている。それは、他人によく見られたいという個人の虚栄心が、結果として、社会の洗練や生活環境の向上をもたらすだろうということだ。個人の虚栄心が社会の文明の程度を高める。「私益は公益なり」あるいは、「私的な悪徳は社会の利益に転化する」という有名な命題のもうひとつの側面である。

確かに、人は、ただ、必要なものを食べて生命を維持しているだけではない。常に社会の中にあって、他人の目を気にし、他人の評判を得て尊敬を受け、他人に多少の差をつけたいと思っている。自尊心や嫉妬心が人を突き動かしている。そうだとすると、人間の欲望は、ただ物質的なものの生理的満足ではなく、ヘーゲルが力強く主張したように、他者からの「承認」を得、さらには「尊敬」を得るという「優越願望」を持つところにこそある。人間は、ただ生きるだけではなく、社会の中で絶えず社会的評価をめぐって生存競争を行なっているといってよい。

だから、消費も、ただ生理的欲求を満足するためにあるだけではなく、自己を社会の中で他人の前にさらし、「承認」や「尊敬」を得るためにこそある。簡単にいってしまえば、人を消費へ突き動かしているものは「虚栄心」なのである。

こう考えた時、われわれはすでに、消費の「量」ではなく「質」の問題に入り込んでいる。仮に、消費の「量」が問題だとしても、それは、その「量」が生理的な欠乏を充足させるからではなく、「虚栄心」が、われわれをして、人よりも多くのモノを持つよう突き動かすからなのである。

こうして、スミスやヒュームにとって、消費のすべてではないにせよ、そのかなりの部分は、いわゆる生存のための必需品ではなく、貴族的な生活を模倣する多少の贅沢品であり、洗練された趣味を表す財であり、上流のマナー（様式）を示す流行品であった。商業社会では、欲望は、生理的必要ではなく、社会の中での「模倣的競争（エミュレーション）」によって生じるのである。

「陰鬱な科学」

しかし、こう考えた時、一つの疑問がわいてくる。確かに、もしも人間が、集団を作って生きてゆく上での必需品だけで満足していたとしたら、経済発展などすぐに止まってしまったのではなかっただろうか。とすれば、今日の経済成長をもたらしたものが、人間の「虚栄心」であり、「模倣的競争」であるということは間違いなかろう。

だがそうだとすれば、経済成長を賛美することは、人間の虚栄心を賛美することではないのか。人間がますます虚栄心を発揮し、他人と差をつけて自己満足に陥るといういささか情けない情念を賛美することにはならないのか。他人に少しでも差をつけて優越感に浸ることこそが「進歩」のモティベーションだとすれば、経済成長は果たして「進歩」だといえるのだろうか。

これは道徳的な問いである。だから、経済成長という「量」に突きつけられた「質」の側からの問いである。道徳は行動のあるいは動機の「質」を問題とする。この「質」が不道徳であれば、いかに「量」が進歩しても本当に「進歩」といえるのだろうか。確かに、虚栄心も優越願望も、経済成長にとってはよいかもしれないが、果たして、人間の社会的なあり方としては道徳的に賞賛されるべきことなのだろうか。これはもっともな疑問である。

さらにいえば、果たして、人間はいつまでも、「人よりもよく見えたい」という「模倣的競争」に突き動かされるものだろうか。むろん、虚栄心や他人によく見られたいという「優越願望」がなくなることはありえない。しかし、貴族階級や上流階級というものが消滅して、すべてのものが平等になればなるほど、虚栄心や優越願望は、果たして、経済成長を促すほど強力な動機となりうるのだろうか。皆が同じ程度の所得を得て、同じような生活に満足するようになれば、虚栄心や優越願望は経済を突き動かすだけのものとなるだろうか。

スミスやヒュームは、これ以上、この種の問題に深入りしなかった。言い換えれば、彼らは、まだ、虚栄心や優越願望がもたらす贅沢品の消費や流行を追うことが、それなりに生活の洗練や、多少心地よい社交をもたらすという時代に生きていたということである。

しかし、次の世代ともなると、上の疑問は、もう少し複雑な様相を呈してくる。スミスやヒュームの次の世代とは、リカードからマルサス、ミルといった経済学者の世代である。

彼らにとって、経済成長はもはや無限ではありえないと思われた。リカードにとっては、確かに人間の欲望は限りがないとしても、肥沃な土地はやがて消滅し、資本は蓄積されるにつれ、利潤率は低下してゆく。その結果、やがては、もうそれ以上生産物が増えないという「定常状態」に達するだろう、と思われた。

マルサスは、周知のように、やがて、食料増加率は人口増加率を下回るために、いずれそれ以上、人口も食料も増えないという定常状態に行き着くだろうと考えた。

これは、何とも暗いイメージである。彼らの考えを指して、カーライルが「陰鬱《いんうつ》な科学」と呼んだのも当然である。彼らにとって、経済はいずれ「定常状態」に陥る。もはやそれ以上の経済成長を期待できない時点がやってくる。このことは残念ながら明らかなことだった。J・S・ミルもこの考え方を共有している。だが、ミルにとっては、それはむしろ望ましいことだったのである。

道徳的価値という観点

ミルもリカードに従って経済はやがて「定常状態」に行き着くと考える。しかし、それをミルはむしろ望ましいことだという。なぜなら、この状態では、人々が生存してゆくという意味での必要物資はすでに十分に生産可能となっている。一応「豊かな社会」なのだ。そして、この「豊かな社会」が実現された時には、人々は、競争的に働き、必要品をめぐって競争的に消費するという市場経済の要請から解放される、とミルは考える。

必要なものを手にすると、人々は「虚栄心」や「優越願望」を満たすための「模倣的競争」などにはさほど関心を持たないだろう。そして、やがて経済成長が鈍化して、利潤率がゼロに接近し、「定常状態」に入ると、この「模倣的競争」という悪徳から人々は決定的に解放される、というビジョンがここにはある。

ここでは「稀少性」という観念は姿を消してしまう。結局、稀少性という観念は、見栄や優越願望による「模倣的競争」から生まれたものなのであった。だから、「模倣的競争」が力を失えば稀少性も退場することになる。これは、文字通り、「ポスト稀少性の社会」だ。この社会では、中心的な課題が、労働時間の短縮や、所得の再分配、そして余暇時間の使い方といったものへと変わってゆくだろう。端的にいえば、人々は、経済の拡大という「量」から、生活の「質」へと関心を転換するというのである。

ただここで注意しておかねばならないことは、この転換は自動的に生じるのではなく、「定常状態」によってはじめて可能となるということだ。もともとミルにとっては、人間の欲求は生活の必要品という面が強いのだが、それは、贅沢品や無駄なもので飾り立てること、見栄のための消費、流行を追うことなどは道徳的にも望ましくないという倫理観から出たことであった。そして、そのあまり望ましくない「模倣的競争」から解放されるには定常状態に達することが必要とされたのである。

ミルの考えは、協同社会的なユートピアの面を含んでおり、決して現実的とはいえないと現代の経済学者は考える。それは間違いではない。だが、経済の「量」から「質」への転換が、さらに人間の「模倣的競争」という欲望から、より充実した個人的で美的な生活への転換が、経済の「定常状態」と近似したものによってはじめて可能だという主張は、決して空想的というわけではなく、後にケインズによって受け継がれたものである。

前にも述べたが、ケインズは、先進国はやがて「豊かな社会」となり、もうそれ以上、有効な資本蓄積が難しい状態に陥るだろう。これは「豊かさの中の停滞」をもたらす。しかし、ここではじめて、人々は、物質的な「量」の拡大や「模倣的競争」や長時間労働から解放され、時間をどのように使えばよいか、人との社交や趣味をどうするか、美的な生活をどう組み立てるのか、といった「本来の」課題へと視点を移し変える、と見たのであった。これは本質的に、ミルのヴィジョンの焼き直しといってもよい。

ミルの「定常状態」は、むろん一つのユートピアである。実際には、そんな状態はありえない。ただ、重要なことは、もしそれがありえないとすれば、その理由は、われわれが、果てしなく、虚栄心や優越願望によって動かされ、市場の拡張とともにわれわれの競争的な欲望を膨らませ続けているからなのである。

ミルの「定常状態」というフィクションが教えてくれるものは、経済成長についての議論に対しては、人々を突き動かしているモティベーションについての道徳的価値観を持ち込まなければ意味がない、ということであった。経済成長という「量」の評価をするためには、行動の「質」をどう考えるかという論点が先行しなければならない。

ここでは、無限の欲望に対する資源の「稀少性」という議論は何の役にも立たない。無限の欲望と稀少な資源という「量」のみの次元からは、経済成長や市場競争をいかに評価するかという観点は出てこない。経済行動は、決して、個人が与えられた選好を満たすために合理的に計算しているものではなく、常に、社会の中にあって、他人と見比べ、優越感や劣等感に突き動かされて行なうものだ。そうだとすれば、これらの行動に対する社会の価値付与、道徳的評価がここに立ち現れてくる。人間は、利害打算によって動くと同時に、幾分かは道徳的で自省的に行動するものだからだ。そして、このような観点を持ち込んだ時、ミルの「定常状態」というフィクションは、われわれの無限に拡張する社会を逆に映し出す効用を持っていることに気づかされることになる。

4　際限のない欲望をもたらすもの

人々の行動を市場が「コード化」する

ミルの「定常状態」というようなフィクションが、もはやフィクションとしても機能しなくなる時、見栄や優越願望に基づく「模倣的競争」は、それ自体が市場システムの中で産出されるものとみなされることになる。そして、ここに、「必要（ニーズ）」も「見栄」も通分する「欲望」というものが出現する。

だがそのことを理解するためには、まずは、市場の経済学的な見方から解放されなければならない。市場というものは、ただ経済上の資源を動かすシステムなのではなく、人間の社会的な行動の動機や心理的意味づけを与えるコード（約束事の体系）でもある。経済学にとっては、市場とは、価格メカニズムに従ってモノやサーヴィスが交換され、資源が配分されるシステムである。しかし、実際には、市場は明らかにそれ以上の作用をしている。市場は、ただ「経済的システム」というだけではなく、「社会 - 心理的システム」ともなっている。

このことを認識しておくことは重要だ。人間には様々な側面があるが、通常、人は、その社会の支配的な制度やシステムの作用に適合するように、自己の行動パターンを形作ってゆく。ここに、社会的な「コード」と呼ばれる、行動の規則、パターンが出てくる。

スミスやヒュームといった、まだ生成期の商業社会の思想家たちが見て取ったように、商業社会において人々を駆り立てるものは「競争心」であった。スミスは「利己心」という本能を重視したとよく言われるが、利己心が、モノを売ったり買ったりする際の競争という形に「コード化」されるのは、あくまで市場経済によってだ。利己心そのものは人間の本質に属するかもしれないが、それが、モノの売買という社会化された形で出現するのはあくまで市場においてなのである。

こうして、市場にあっては、消費は、社会的な地位や富を材料として自分と他人を比較するという競争の「コード」へ組み込まれる。人は、衣服や食べ物や車や家やレジャーによって、他人と自分を比較する。つまり、消費は「模倣的競争（エミュレーション）」によって強く動機づけられるのだが、重要なことは、これは「市場」という制度が、人間の行動パターンをそのように「コード化」しているからだ。

こう考えれば、欲望はあらかじめ無限で、これに対して資源は無条件に稀少だ、という「稀少性の原則」は適切ではなく、稀少性そのものが「模倣的競争」によって生み出されるといったほうがよい。

われわれは、あらかじめ想像もできないような未知のモノに対する欲望を持っているわけではない。

新たな欲望が出てくるのは、欲望そのものを絶えず生み出してゆくからだ。

経済的な富や消費財が、他人との「差異」を現したり、趣味の表徴となったり、贅沢のトリクル・ダウンを引き起こしたりする市場社会では、欲望は、ある固定した対象を持った何かと見るのは適切ではない。欲望は、むしろ、固定した対象を持たないがゆえに、次々と何かあるものへと向かって自己増殖してゆく。欲望は、具体的で明確な対象を持つというより、常に何かを追い求めて自己増殖するものだ。その意味で、固定的な対象を持たない「欲望（デザイア）＝渇望の充足」は、生理的で生活上の必要（ニーズ）に即した「欲求（ウォント）＝欠乏の充足」とはあくまで区別されねばならない。

もし、人間の経済活動が「欲求（ウォント）」の充足というだけのものだったとすれば、市場経済は、これほど拡張もしなければ、大きな影響力をも持たなかっただろうし、またこれほどの経済成長も達成できなかっただろう。リカードやミルの述べた「定常状態」は全くの空想ではなかったかもしれない。

その意味では、今日の市場の拡張は、「模倣的競争」によって生み出された「欲望（デザイア）」のほとんど無目的的な増殖によってもたらされているのであって、決して、経済学が想定するような合理的個人によってではない。ほとんど無目的的に自己増殖する「欲望」によって、今日の市場経済のダイナミックスは支えられている。

実際、本当に、われわれが、他人との比較や優越願望や「差異への愛好」などと無縁の合理的な「個人主義者」だとすれば、市場はかくも社会の全体を覆うようなものとはならないし、資本主義はかくも経済成長を達成できなかったことは間違いなかろう。

膨れ上がる「豊かさ」への意欲

そうだとすれば、どうしても、われわれは、「欲求＝必要なもの」を超えて、無駄なものを買っているのではないか、という疑問が出てくる。19世紀末のアメリカ社会の有閑階級の無駄と贅沢に満ちた浪費をシニカルに分析したヴェブレンにせよ、1950年代から60年代のアメリカの「豊かな」消費社会を分析したガルブレイスやデューゼンベリー、リースマンにせよ、一様に、現代の市場経済の中で、われわれは無駄なものを、本当は必要ではないものを大量に買い込んでいる、もしくは買わされているのではないか、という疑いに囚われていた。

だが仮に、今日、こうしたことを消費者にアンケート調査でもすれば、この「浪費説」はたちどころに否定されるだろう。ほとんどの人々は、自分たちが決して無駄なものに浪費しているとは考えず、むしろ、やむなく「必需品」に支出していると考える。そしてその理由は簡単だ。生活水準が良くなると、「必需品」の内容も変わってくるからである。

J・B・ショワの『浪費するアメリカ人』（邦訳、岩波書店）があげているローパー世論調査によると、70年代から90年代にかけて、様々なモノが「必需品」に組み込まれてきた。かつてはなかったパソコン、留守番電話、ファックス、ケーブルテレビなどが新たに「必需品」となる。さらには、二台目の自家用車、二台目のテレビ、電子レンジ、エアコンなどが、新たな標準的必需品となっている。70年代には10％程度の者しか自動車のエアコンを必要とは考えなかったのに、90年代には、50％近くの者がそれを必需品だと考えているのである。

「必需品」のレベルが上がる、ということは当然ながら「良い暮らし」の標準的イメージも変化するということである。同じローパーの調査によると、「良い生活」の物質的条件は、この30年ほどで随分変化している。かつてはごく少数だった、別荘を持つこと、プールつきの家、二台目のカラーテレビ、海外旅行、高価な衣服などをあげる者の割合はかなり増加した。一方で、幸せな結婚、子供を持つこと、楽しい仕事をあげるものの割合は、この30年でむしろわずかながら減少しているのである。

明らかに、アメリカ人は、この30年ほどの間に生活レベルを上げ、それにつれてますます物質的な「贅沢」を求めるようになったといってよい。86年には、アメリカ人にとって「夢を実現できる所得水準」は、５万ドル（約６００万円）だったのが、94年には、10万ドル以上（約１２００万円以上）となっている。この間のアメリカの一人当たりの所得上昇を差し引いても、10年足らずの間に、アメリカ人の「豊かさ」への意欲は2倍に膨れ上がったわけである。

所得が上がっても、人は決して満足はしない。必要品（ニーズ）は決して満たされることはない。これからわかることは、ショワの言葉を借りれば「人は、所得が多くなればなるほど、満足を感じるには、ますます多くを持たなければならない」ということである。

しかし、事態は、実は、それほど単純でもない。というのは、79年から94年にかけて、アメリカでは上位20%の所得の取り分は国民所得の42%から46%へと上昇した。2000年には49%にもなっている。要するに、現代のアメリカでは、5分の1の富裕者が、国民全体の富の約半分を手にしている。そして、その割合は増加傾向にある。

ということは、残り80%弱は、所得のシェアを減らしているのである。このような両極への分解は、中層から下の80%弱についてもいえて、この中でも、比較的上位の者はシェアを拡大しているのに対して、下位の者はますますシェアを減少させている。

つまり、中層から下の者は、相対的に（上と比較して）生活水準が下がっている。必ずしも所得が増えて豊かになったわけではない。それにもかかわらず、全体として見れば、「生活必需品」のレベルは上昇し、「良い暮らし」の定義は、いっそう贅沢なモノを必要としているのである。

どうしてこういうことになるのだろうか。だが、別にそれは不思議なことでもない。人は、常に「模倣的競争」を行なっているからである。この場合、「模倣」されるのは、少し上の階層の生活である。中層の者にとっては、中の上か、上層の者の生活がモデルとなる。もう少し下の層の者にとっては中層の者の生活がモデルとなる。このようなモデルに接近すること、このことが至上命令になる。

こうして、彼らは、いかなる社会的なポジションにいようと、絶えず「生活必需品」に追いつかないのである。「生活必需品」のレベルがどんどん上がっていってしまう。モデルが提供する必需品を手に入れることは、彼らからすれば決して無駄な贅沢ではなく、まさに必要な消費なのだ。そして、皮肉なことに、それでは最上層の金持ちはというと、スタンリーとダンコの『隣の億万長者』が述べるように、案外と質素で、中古車に乗り、ディスカウント・ストアでスーツを買っているという。

アメリカのこの調査が示していることは、結局、「模倣的競争」が、「必需品」を絶え間なく生み出してくるということにほかならない。むろん、「模倣的競争」というより「システム」が「必需品」を生み出すという面もある。たとえば、現代では、パソコンを持たなければ生活に支障をきたしかねないし、携帯電話がなければ戸外で大変不自由するようになった。

しかし、多くの者は、その社会的な評判を維持するためにブランド品を買い、子供たちは、「友だちにバカにされない」ために高級な運動靴を買う。良い趣味を持っているという個人的な事情さえ、一歩踏み込めば、「良い趣味の持ち主」という評判を維持したいということであろう。

ショワにならって、それを「新しい必需品」といってもよいかもしれない。あるいは「新しい消費主義」ということもできよう。少し生活水準が良くなれば、人は郊外に一戸建てを求める。すると車が必要になり、ささやかな庭の手入れに芝刈り機が必要となり、子供をよい学校に入れるために塾に通わせる。これらはまさに「必需品」なのである。そして、その「必需品」を手に入れ、生活を維持するために、われわれはますます長時間にわたって働かざるをえない。

かくて彼らは、生活の必要という名目で、彼らが実感している以上に消費する。「こうして、新しい消費主義は、中流階級の間で、一種の大衆的浪費にいたった」(ショワ)というわけである。まさに、市場が稀少性を作り出しているのだ。

失われた「欲望」と「必要」の区別

このショワの議論が教えてくれるものは何であろうか。

ここで決定的に重要な点は、われわれが「必需品」だと思っているモノは、実は、他者との比較という「模倣的競争」が生み出したということである。われわれは、モノを買う時、それはどうしても必要だという。「必需品」だという。要するに、「欲求＝欠乏したニーズ」の充足だという。ここから、「稀少性」のアイデアも出てきている。

しかし、どうして必需品かというと、「他人が持っているから」「皆が使っているから」ということになる。これが一歩先に進めば、パーカー調査が示すように、自分がそこに属するはずだと考えている集団(準拠集団)へと自己をアイデンティファイするための象徴的な消費にほかならない。モノは、生活の必要というよりも、まずは、ある集団への帰属を示すシンボリックな価値を持っている。だが、次の段階には、こうしたシンボリックな価値は、その集団への帰属を現にもたらす「必需品」になるのだ。

これが、この「豊かな社会」において絶えず「必需品」が生み出されるメカニズムだ。どんなに

されない。

と上がってゆくのだ。こうして、決して、人は、「必要」からは解放されない。「稀少性」からは解放

「豊かな社会」になっても、「必需品」はなくなりはしない。それどころか、「必需品」のレベルが次々と上がってゆくのだ。こうして、決して、人は、「必要」からは解放されない。「稀少性」からは解放されない。

だが、すでに明らかなように、これは、市場が絶えず「稀少性」を生み出してゆくからなのである。今日の経済を牽引しているものは、無限に自己増殖する「欲望」である。無目的的な「欲望」だ。にもかかわらず、市場は、それを「必要」あるいは「欲求」の次元に翻訳して「稀少性」の問題に置き換える。見栄や優越性や劣等感といったわずかな「差異化」をめぐる「模倣的競争」が扉を開いた「欲望（デザイア）＝渇望」の無限の運動は、市場経済の中で、人々の生活の必要に関する「欲求（ウォンツ）＝欠乏」として意識される。そして、ここで無限の「欲求」に対する資源の限界という「稀少性」の定義づけがなされる。「欲求」は常に「欠乏」であり、必要なモノを充足されねばならない。こうして、「稀少性」をめぐる合理的行動という経済人のフィクションが作り上げられる。

しかし、実際には、無限なのは、必要品に対する「欲求」ではなく、「欲望」なのだ。「欲望」は、「模倣的競争」を糸口とする限り、絶えず増殖する。この無限に増殖する「欲望＝渇望」を、われわれは必要品に対する「欲求＝欠如」だとみなしてしまうのである。

これが、現在の経済が無限に拡張する基本的な理由だ。問題は、それを、普遍的な「稀少性」の理論によって、必要品は決して充足されえない、と解釈してしまう経済学にある。こうなると、「欲望」

と「欲求」の区別、あるいは「欲望」と「必要」の区別は意味を失ってしまう。ミルやケインズらがかろうじて確保しようとした、経済の「質」への問いかけは放棄されてしまう。ミルの「定常状態」のフィクションが全く省みられなくなった時、経済学はあらゆる問題を「稀少性の原則」という普遍的な「量」のタームへ置き換えてしまった。こうして、経済成長の意味を問う、というような議論そのものが立てられなくなってしまったわけである。

5　「資本主義」の限界はどこにあるのか？

制約からの解放

「欲望」は無限に自己増殖し、市場は常に「稀少性」を生み出してゆく。この「欲望」の自己増殖に支えられて資本主義経済は、無限に拡大しえるかのように見える。

では、資本主義の無限の拡大に対する制約はあるのだろうか。本書で繰り返し述べているように、今日、20世紀の大量生産・大量消費に支えられた工業社会は、この21世紀にはポスト工業社会へと転換しようとしている。そして、ポスト工業社会は、大規模な市場競争の時代でもなければ、無限に拡張する資本主義の（成長至上主義）の時代でもない。だが、その転換は可能なのだろうか。そのことを最後に論じておきたい。

今日の経済は資本主義経済である。資本主義とは、絶えず利潤を追求するために生産を拡大し、市場を開拓する運動だ。ただ、そうはいっても歴史的にいえば、無条件に生産を拡大できるのではなく、常にどうしても資本主義の運動には制約が課されてきた。労働力の制約、資源の制約などだ。

だから、近代の経済は、こうした様々な制約を取り外して、物的な生産を拡大し、人々の欲望満足をひたすら増大させるように進展してきた。つまり、「拡大」と「成長」が合言葉であった。

しかも、この「生産」と「欲望充足」の拡大が、人間の自由や幸福の増進をもたらすという意味で、「進歩」であると見なされたのも近代社会の特徴である。この「進歩」へ向かうプロセスは、また、「近代化」とも呼ばれたのであった。

そこで、近代の経済の拡大を、様々な制約を突破する資本主義の運動、という観点から見ることができよう。すると、ここで、大きく、二つの段階を区別することができる。第一は、資本主義が、自然的な資源の制約と格闘し、それを取り払おうとするプロセスである。ただ、この第一段階は、さらに二つに区分することができよう。

まず資本主義の誕生とは、「労働」「土地」「貨幣」の商品化（市場化）のプロセスだといわれている。つまり、「労働」が、共同体や大家族、自給自足的経済から解放され、「土地」が、自由に取引されて生産に使われ、さらに「貨幣」が、金銀という自然の条件を脱して資本になる。この三つが、資本主義の基本的条件だ。ということは、これらの制約を克服すればするほど、資本主義は高度に展開するということになる。

そこで、資本主義経済は、まずは労働力と土地の制約からの解放を目指した。18世紀から19世紀西欧の初期工業化の段階だ。ここでは、労働力は封建的共同体の制約から徐々に脱し、土地は自由に売買され生産目的に使用されるようになる。だからこそ、労働の生産力や土地の生産力が経済の重要な指標となった。

また、人々の満足は、あくまで生活の「必要」において定義され、それ以上に生産されたモノは余剰物資となって他の地域へ移送される。ここから自由な市場取引や自由貿易という考えも出てくる。スミスやリカードの古典派の世界である。この世界では、生活の「必要」、労働が生み出す価値（労働価値）、土地の生産性、これらが経済を特徴づけ、またその制約になっている。

しかし、産業革命は、これらの制約から経済を解き放っていった。19世紀から20世紀にかけての工業社会の形成である。工業社会においては、もはや土地は自然的制約とはならず、それに代わって資源・エネルギーが制約となる。労働力の持つ限界は、産業技術の革新によってある程度、突破される。人々の満足は、生活の「必要」というよりは、個人の好みの満足、つまり「効用」の満足へと変化する。19世紀末の、いわゆる新古典派経済学の想定する世界である。

経済活動は、個人的な「効用」の満足と、労働生産性を高めることによって得られる利潤の獲得を目指して行なわれる。この場合に、経済成長の制約となるのは、一方で、市場の大きさと、他方で、資源・エネルギーの制約であった。そこで、この制約を突破するために、「外へ向かっての拡張」すなわち帝国主義的な拡張が行なわれることとなった。すなわち、労働と土地という自然的な条件からの解放を目指した資本主義の拡張は、帝国主義的な資源獲得、市場獲得へと帰着したのであった。

20世紀後半の経済が得た可能性

これに対して、20世紀の経済の課題は大きく異なっている。19世紀末には、資本主義は、すでに相当な生産力と産業技術を持つようになった。そして、人々の生活の「福祉」や「効用」を前提とすれば、資源を確保して、生産を拡張すれば、モノを売ることはできた。

しかし、20世紀の戦後の先進国経済の特質は、労働力や資源の確保が利潤の源泉になるのではなく、消費や購買力の大きさが利潤の源泉になるという点にあった。生産側の条件ではなく、需要側こそが利潤の決定的な要因となったということだ。これは、高度な工業化段階といってよいだろう。あるいは、高度な消費社会といってもよい。

この段階では、経済を主導するものは、資源ではなく、需要であり、需要の背後には、大衆の「欲望」がある。経済成長の制約となるものは、資源や労働力というよりも、消費や購買力なのである。だから、「欲望」は、個人的な好みや選好から出てくる「効用」とは違う。ガルブレイスらが述べたように、時には、広告やマーケティングによって生み出され、「欲望」を生むこと自体が重要な経済活動になってゆく。人々の「欲望」を生み出す広告やマーケティングなどの装置が、市場の中にビルトインされてしまう。市場の外に、人々の「必要」や「効用満足」があるのではなく、「欲望」は、市場の中で、市場によって生み出されてゆくのだ。

こうして「欲望」が、絶えず、企業の技術革新を生み出し、労働力や資源の制約にもかかわらず経済成長を可能としてゆく。新しいモノへ向けられた「欲望」があるからこそ、企業は新たな技術を生み出そうとする。

しかし、それにもかかわらず、「欲望」が十分な購買力を生み出さなければどうなるのだろうか。高度な技術と企業相互の競争は、いくら人間の「欲望」が無限に膨らむとしても、さしあたり購入可能な「欲望」を超えた生産能力をもたらしてしまうだろう。だが、この生産能力の拡張の中で、人々の「欲望」が十分ではない場合にはどうするか。政府が、いわば「欲望」を作り出せばよい。消費者に代わって政府は需要を生み出すわけだ。これが財政政策だ。

さらに、この高度な工業化の段階では、貨幣ももはや経済成長の制約とはならない。貨幣が金銀に縛り付けられている19世紀の経済では、貨幣供給量は制約され、これが経済成長の一つの限界を課した。しかし、20世紀の高度な工業社会では、貨幣は金本位制を事実上離れ、管理通貨制度によって政府の裁量に委ねられることとなった。これが金融政策である。

こうして、20世紀の高度な工業社会では、労働力は、かつての共同体的制約から脱し、土地や資源は、技術革新のおかげでもはや大きな制約とはならず、貨幣は、管理通貨制度によってその素材的制約から脱することができた。経済は、ほとんど無限の成長の可能性を持つことになったわけである。これが、おおよそ20世紀後半の経済であり、ケインズ理論を軸にした新古典派総合が、その考えを代表するものであった。

「シンボル化」と「グローバル化」のゆくえ

そして、今日、この高度な工業社会はその極限にまで達しようとしている。消費者の欲望を拡張しようとする運動は、物的な消費財から情報やブランドが付加価値を生み出すようになっている。「モノの消費」から、ボードリヤールなどが述べた「記号の消費」である。言い換えれば、「モノへの欲望」から「シンボルへの欲望」へと変わりつつある。

さらにこの「シンボルへの欲望」は、90年代には、ただ情報的で記号的なものを逸脱して、「貨幣」という究極のシンボルへと向かっていった。「貨幣」は、いうまでもなく、モノの価値を測る究極のシンボルである。

もともと「貨幣」そのものには価値（使用価値）はない。「貨幣」は他のモノと交換されてはじめて意味を持つ。ところが、「モノ」から「シンボル」への変化は、ついに「貨幣」自体を価値として追い求めるという金融活動を生み出した。金融市場が、モノの市場から相対的に自立してそれ自体が大きな利益を生み出すようになると、モノへ向かうはずの貨幣は、貨幣自体へと向かうようになる。貨幣が貨幣を買おうとする。まさに実物経済を離れた「シンボル経済」である。

さらに、工業社会においても依然として大きな制約だったもうひとつのファクターが取り払われる。それは「国境」だ。利潤を求める企業活動は、工業社会においては、暗黙の前提になっていた「国境」という制約を取り払い、グローバルな市場へ進出しようとしている。国境、すなわち、ある国の状態や政府の規制や政策に伏するという制約から逃れようとする。これもまた、資本主義の「運動」といってよい。

こうして、高度な工業社会の行き着いた世界は、「欲望におけるモノという制約」と「空間における国境という制約」からの解放であった。土地という自然の制約、労働力についての共同体の制約、これらの制約からの解放を目指して利潤機会を拡張してきた資本の無限の展開という運動は、いまや、「欲望におけるモノの制約」と「空間における国境という制約」を超え出るところまできた。これが、80年代以降の経済の「シンボル化」と「グローバル化」である。

だがここまでくると、資本主義の無限の拡大そのものが限界に近づいてくる。どうしてか。それはまず何より、資本主義経済そのものをきわめて不安定な状態に陥れてしまうからだ。

「欲望」はもはや特定のモノというより、その都度その都度の流行に左右され、社会的ムードや雰囲気といったきわめて不安的な集団的情緒によって動かされるようになる。企業にせよ、消費者にせよ、このめまぐるしく動く流行を追って集団的情緒に翻弄されるだろう。「時代を読み」「流れに乗る」ことこそが経済活動の焦点になってくる。これは市場経済をきわめて短期的な視野のもとに置き、長期的な「確信」を崩壊させてゆく。これは長期的な設備投資や開発投資を困難とし、市場を不安定化し、長期的な意味での経済成長を低下させる。

また、こうなると、「欲望」は、不安定に流動するモノから「貨幣」そのものへと向かうだろう。見通しの立たない世界では、「貨幣」のみが確かなものに見えるからである。こうして、金融市場において、短期的な利益を目指す投機的資本がますます量的に拡大してゆく。ところが国際金融市場を瞬時に移動する国際短期資本は、グローバルな市場経済にとってきわめて不安定な要因となる。モノへの投資から金融商品への投機に向けた資本の流れは、結局、資本を「投資」から「投機」へと向け、経済成長にとっても決して好ましくない。

さらに、こうした金融市場を軸にしたグローバリズムの動きもまた、市場経済を不安定化するであろう。今日の経済では、国際金融市場を通じた国際資本の動きが各国の実体経済にさえ大きな影響を与える。90年代のアメリカの経済再生の大きな理由が、国際金融市場を通じたアメリカへの資本の流入にあったことはいうまでもない。株式市場への資本流入が資産効果を生み出し、消費と投資を牽引したのである。これに対して、アジア市場からの資本流出がアジア経済を混乱に陥れたのであった。グローバリズムは、世界的な規模での「経済不安定性の再配分」を行なうのである。しかも、グローバリズムは先進国において賃金水準を押し下げ、所得分配に歪みをもたらす結果、絶えず消費需要を抑制する傾向をもつ。

こうして、「欲望のモノからの解放」と「空間の国境からの解放」は、資本主義経済を不安定化するであろう。資本主義の不安定化は、社会生活を不安定化し、結果として、資本主義の拡張運動を阻害するであろう。あらゆる「制約」から解放されてきた資本主義の運動は、皮肉なことに、最終的な「解放」によって、むしろ、それ自体の無限拡張に対して自ら制約を生み出してゆくのだ。あらゆる制約から解放された時、資本主義は、無限の拡張の条件を自ら掘り崩してしまうのである。

こうして、新たな制約は、資本主義自らによって生み出されることになる。「外部」の制約を取り外していった先に出現するのは、自らの「内部」から生み出される制約なのである。資本主義の無制約な拡張が、その「内部」に、拡張を阻害する不安定性をもたらすのだ。

人口減少という歴然たる事実が、この新たな制約を象徴的に表現している。人口減少という事実も、決して外部的与件というだけではない。共同体、地域、家族といった「制約」からの労働力の解放、土地や特定の場所という「制約」からの解放、性による役割分担という「制約」からの解放、つまり、あらゆる規制からの解放という「自由」の原則と個人主義の価値観が資本主義の拡張を支えている。そして、人口減少も、個人の自由の拡大、規制や制約からの解放という資本主義的拡張と決して無関係ではない。また、高齢化そのものが、資本主義がもたらした「豊かさ」の結果でもある。とすれば、人口減少そのものが資本主義の無限の拡大運動の帰結だともいえるだろう。

ところが、皮肉なことに、人口減少・高齢化社会は、明らかに、資本主義的拡張への新たな制約となる。この中で、人々は、もはや、工業社会を支えてきた効率主義、競争主義、物的な拡大、こうしたものをさして求めなくなる。ポスト工業社会への戦略は、資本主義的な経済の無限拡大という形ではありえないのである。

一方では、確かに、資本主義経済の「シンボル化」と「グローバル化」は進展するだろう。しかし、そのどちらも無限に進行するわけではない。また、それらが進展すればするほど、市場経済は不安定化する。「シンボル化」と「グローバル化」によって新たな利潤機会を生み出して、これを発展のダイナミズムにしようとしている資本主義の運動は、それほど遠くない将来に限界をむかえる。様々な限界を突破して、無限に拡張するという資本主義の運動は、工業社会の枠組みの中においてはすでに限界状況にまで達しているのである。とすれば、人口減少、「豊かさの中の停滞」に入る「ポスト工業社会」の展望は、この資本主義の展開には限界がある、という点から出発しなければならない。それは、グローバルな市場主義によって導かれるのではなく、将来の社会像を展望した「公共計画」によって誘導されるものでなければならないのである。

これが本書の基本的な認識である。世界的な規模でグローバルな資本主義はますます不安定性に曝され、不確実性を増大させてゆくだろう。このことは、一方で中国のような新興国へと経済の重心をシフトする（そのこと自体が富の機会とともに不確実性を増すだろう）と同時に、先進国にデフレ圧力をかけ需要の減退を招くであろう。

こうした世界規模での資本主義の不安定性に加えて、日本固有の問題がある。人口減少や「豊かさの中の停滞」という問題である。戦後の経済成長第一主義、開発的発展主義は、もはや機能しないのである。かといってまた、情報や金融中心のアメリカ型経済構造によってグローバル市場へ直接連結するという方向も取りえない。ほとんど唯一可能な道は、アメリカや中国とは異なった日本の置かれた状況のもとで、新たな日本の社会像を構想し、いまそのためのインフラストラクチュアを整備するほかないのである。

確かに、本書を覆っている全体的なトーンは悲観的なもので、さながらケインズの「カサンドラの予言」(不吉な予言)の趣きがないわけではない。しかし、別の言い方をすれば、その気になれば、今日の日本ほど何かができる社会もまたないだろう。それは、「新たな社会像」をいかに描き出すかにかかっている。いずれにせよ、それを選択するのはわれわれ自身なのである。

あとがき

本書は現代日本の「経済」に関する本である。しかし、いわゆる経済書や経済学書とは違っている。それは、私の関心が「経済についての経済学的分析」というより、「経済についての政治・社会学的分析」に置かれているからだ。

実際、80年代のバブル期から計算すれば、おおよそ十数年に及ぶ日本経済の混乱は、ただ「経済学的」な分析ではとても理解できないのではないだろうか。経済学的分析という次元で言えば、グローバリズムや構造改革を唱えるエコノミストや市場中心的な経済学者の議論が、実際にはいっそう事態を混迷に導いたとさえいえるのではなかろうか。

数年前、「規制緩和論」が、ジャーナリズムやマスメディアにおいて、あたかも日本経済再生の切札であるかのように論じられていた頃、私はある講演会で、会場の聴衆（一般市民だが、ビジネスマンや学生もかなりいたはずである）に質問をしたことがある。まず、規制緩和に賛成かどうかと問うと、約百数十人の聴衆のうち、ほとんどが賛成であった。反対は数人程度である。ところで、規制緩和すべき内容を二つ以上あげることのできる人と問うと、今度は、数人しかいないのである。ほとんどの人々が、具体的な内容ではなく、規制緩和こそが不可欠というジャーナリズム、マスメディアの宣伝に動かされていたわけだ。

おそらく今日の「構造改革」についても同じことが言えるだろう。実際、小泉政権になってからの二年半ほどの間にも「構造改革」の意味内容はコロコロと変わってゆく。「構造改革」という言葉だけが相も変わらず乱舞しているのである。だから、経済がいつまでたっても再生しないとなると、「構造改革」の中身だけがすりかえられてゆく。エコノミストやジャーナリストは（むろんそのすべてではないが）、数年前の主張とは全く逆のことを平然と唱えたりもしているのだ。

日本経済の混迷をもたらしている「構造」は、なによりまず、こうした「社会的マインド」の混乱にこそ求められるべきだろう。私にはそうとしか思われないのだ。「社会」の中から、「確信」やら「信頼」が失われていっている。そして、エコノミストや経済学者の処方は、この社会の中の「確信」や、言論に対する「信頼」がなければ決して有効にはならないだろうと思う。

では、「社会的マインド」が確信を失い、言論が「信頼」を失っているのはなぜか。むろん、様々な原因が考えられるのだが、本書の関心に即していえば、日本社会の将来像が描けないからだ。そうだとすると、言論の大きな仕事は、日本社会の将来像へ向けた議論を展開すること以外には考えられない。

確かに、今日ほど、社会の将来像が描きにくい時代はないだろう。と同時に今日ほどそれが要請されている時代もない。今日の日本の課題、それは端的にいえば、まず成長経済の終焉を確認することだ。その上で、ポスト成長経済への移行をどのように設計するか、という点へと関心を移すことである。アメリカや中国とは異なった日本の置かれた位相を確かめ、その上で、日本の取るべき戦略や将来への道筋を決めることである。

この二、三年、経済不況が長期化する中で、日本経済の低迷が一時的なものではなく、世界のデフレ構造や、日本社会の長期的停滞の中で生じているという認識が広がってきている。人口減少社会化がこの傾向に拍車をかけている。その中で、改めて「豊かさ」の意味を問い直そうという関心も広がってきている。本書は、まさしく、低成長経済の中で、「豊かさ」の意味を問い直そうという意図を持ったものだ。実際、長期停滞は「豊かさ」の意味を問い直す絶好の機会ではないのだろうか。

近年、本書と似た関心の書物がいくつか出版されている。目につくところでも、広井良典『定常型社会』(岩波新書)、松谷明彦・藤正巌『人口減少社会の設計』(中公新書)、金子勝『長期停滞』(ちくま新書)、松原隆一郎『長期不況論』(NHKブックス)、横山禎徳『「豊かなる衰退」と日本の戦略』(ダイヤモンド社)、高橋伸彰『優しい経済学』(ちくま新書)などがある。これらは、必ずしも私の立場とは同じではないし、場合によってはまったく異なった志向性を持ってはいるが、それでも基本的な問題関心は共有しているといえよう。

本書は、もともと、ダイヤモンド社のPR誌『経《Kei》』に連載した「豊かさを問いなおす」をまとめるつもりのものであった。しかし、結果的には、同連載に大幅に手を入れることとなり、また、雑誌『中央公論』、『諸君！』らに発表した私の論文を、これも手を入れて加えてある。できるだけ、一冊の書物としてのまとまりに意を配ったつもりだが、それでも幾分の議論の重複が残ってしまった。この点は、読者にお詫びしなければならない。本書の役割は、いくぶん風変わりで反時代的な「日本経済論」というところであろう。だが、本書の立場が、日本社会の将来を考える上で、読者に多少なりとも新鮮な刺激を与えることができれば幸いである。『経』の連載に勧誘してくださり、また適切な助言をもって本書の編集にあたってくださったダイヤモンド社の北川哲さんに深謝したい。

平成15年6月6日　　佐伯啓思

本書は月刊「経Kei」（ダイヤモンド社ＰＲ誌）
02年11月号〜03年6月号の連載に、大幅な
加筆修正をしたものです。

著者

佐伯啓思（さえき・けいし）

1949年奈良県生まれ。東京大学大学院経済学研究科博士課程修了。

滋賀大学助教授、京都大学総合人間学部教授を経て、現在は京都大学大学院人間・環境学研究科教授。

専攻は社会経済学、社会思想史。

著書に『隠された思考』（サントリー学芸賞、筑摩書房）『「アメリカニズム」の終焉』（TBSブリタニカ）『「欲望」と資本主義』（講談社現代新書）『現代日本のリベラリズム』（読売論壇賞、講談社）『新「帝国」アメリカを解剖する』（ちくま新書）など。

成長経済《せいちょうけいざい》の終焉《しゅうえん》
資本主義の限界と「豊かさ」の再定義

2003年 7月10日　第1刷発行

著者／佐伯啓思

装幀／間村俊一

製作・進行／ダイヤモンド・グラフィック社
印刷／堀内印刷所
製本／本間製本

発行所／ダイヤモンド社
〒150-8409　東京都渋谷区神宮前6-12-17
http://www.diamond.co.jp/
電話／03·5778·7233（編集）　03·5778·7240（販売）

ISBN 4-478-23129-X